Walter Nitsche
Handbuch für Eheleute

Walter Nitsche

Handbuch für Eheleute

Schwengeler-Verlag
CH-9442 Berneck

CIP-Titelaufnahme der Deutschen Bibliothek:

Nitsche, Walter:
Handbuch für Eheleute / Walter Nitsche. – 5. Aufl. –
Berneck: Schwengeler, 1991

(TELOS-Bücher; Nr. 2154: TELOS-Präsent)
ISBN 3-85666-224-3

NE: GT

Bildnachweis
H. Affenberger: 24, 90
Döhm: 124, 127, 135
R. Gaudet: 37, 41, 42, 121, 158
L. Golobitsh: 161
A. Lang: 10, 14, 38, 48, 82, 104, 112, 116, 119, 130, 169
W. Nitsche: 25, 26, 36, 42, 43, 55, 56, 60, 78, 83, 109, 160
Promundo: Titelbild
Y. Schwengeler: 33
Markus Specker: 7, 27, 35, 53, 57, 66, 76, 85, 88, 91, 94, 107, 133,
140, 146, 156, 157, 159, 170, 171
UIP: 141
J. Walch: 18, 30, 84, 106, 155

TELOS-Bücher
ISBN-Nr. 3-85666-224-3

TELOS-Präsent 2154
© 1986 by Schwengeler-Verlag, CH-9442 Berneck
1. Auflage 1986
2. Auflage 1987
3. Auflage 1989
4. überarbeitete Auflage 1990
5. Auflage 1991
Umschlaggestaltung und Gesamtherstellung:
Cicero-Studio am Rosenberg, CH-9442 Berneck
Printed in Jugoslavia

Inhaltsverzeichnis

Einführung

Ein erfülltes Eheleben erfahren Eheleute dann, wenn ihre Ehe «gesund» ist, dem ursprünglichen Sinn entspricht, geprägt wird von dem ihr zugeordneten Zweck, der ihr zugedachten Dynamik und Lebendigkeit. Wie sich ein gesunder Körper dadurch auszeichnet, daß verschiedene Organe, Gelenke, Muskeln und Nerven zielgerichtet zusammen funktionieren und die einzelnen Glieder den Befehlen des Gehirns gehorchen und harmonisch zusammenarbeiten, so kann man auch nur dort von einer gesunden Ehe sprechen, wo sie weder zweckentfremdet noch ihres Sinnes beraubt, sondern wo ein harmonisches, zielgerichtetes Wachsen und Reifen ermöglicht wird.

Wir wollen uns nun hauptsächlich mit der gesunden Ehe beschäftigen, nicht mit der gestörten. Ein bekannter Krebsforscher sagte einmal, er würde die wichtigsten Erkenntnisse für seine Arbeit aus dem Studium der gesunden Zelle gewinnen. Erst vor diesem Hintergrund würde deutlich werden, was an einer Krebszelle überhaupt krankhaft und defekt sei.

Die wichtigen Einsichten, um auch gestörten und defekten Ehen richtig begegnen zu können, gewinnen wir, indem wir die gesunde Ehe betrachten.

Wer kann uns aber mitteilen, was eine gesunde Ehe ist? Nun, wir müssen uns dazu an den Begründer der Ehe wenden, an den, der sie «erfunden» hat: Gott.

Mit der Erschaffung des Menschen schuf er auch ein «Geheimnis» – das Einswerden von Mann und Frau in der Ehe.

Tausende von Ehepaaren haben schon erfahren, daß Gottes Weisungen, das heißt sein ursprünglicher Plan für die Ehe zu einem erfüllten Eheleben, zu einer gesunden Ehe führen.

Ein wichtiger Grundsatz

Obwohl ich davon überzeugt bin, daß der aufmerksame Leser durch dieses Ehebuch zu tieferen und bereichernden Einsichten hinsichtlich eines erfüllten Ehelebens kommen kann, muß von vornherein klar sein: Bloßes Wissen wird Ihre Ehe keinen Deut verbessern! Es gibt Ehepartner, die ein Ehebuch nach dem andern studieren. Die Folge davon: Sie erkennen immer mehr, was in der eigenen Ehe «alles fehlt». Schuldgefühle stellen sich ein. Diese werden mit der Zeit in Gleichgültigkeit umgewandelt. Resultat: Das bloße theoretische Wissen legt das Gewissen lahm – das Studieren wird ein sündhafter Ersatz für das Handeln!

Wer lediglich Wissen anhäuft, setzt «geistiges Fett» an und wird unbeweglich und träge. Jakobus warnt uns: «Seid aber Täter des Wortes und nicht Hörer allein» (Jak. 1,22).

Die Ehefrau, die dieses Handbuch studiert, muß versuchen, die gewonnenen Erkenntnisse in die Tat umzusetzen, sonst werden die reichhaltigen Informationen in diesem Buch nur wie zusätzliche Kalorien für einen bereits «fetten Geist» wirken.

Der Ehemann, der dieses Buch liest, muß sich ebenfalls Notizen machen und sich entschließen, die erkannten Wahrheiten anzuwenden und Wirklichkeit werden zu lassen.

Auch die jungen Leute, die sich auf eine Ehe vorbereiten, werden viele Wahrheiten entdecken: diese müssen «trainiert» werden; ein Muskel, der nicht gebraucht wird, erschlafft. Wahrheiten, die nicht in die Tat umgesetzt werden, verbleichen und bleiben ohne Wirkung!

Konzentrieren Sie sich also darauf, anzuwenden, was Sie hier lernen!

Mag sein, daß Sie deshalb andere Aktivitäten einstellen müssen, denn Gelerntes anzuwenden braucht Zeit. Nehmen Sie sich je-

doch diese wichtige Zeit, es wird Zeit sein, die nicht vertan ist, sondern reiche Frucht in Ihrem Leben bringt!

So ist dieses Ehebuch ein Buch zum Mitmachen. Ich verstehe den Leser, der manch einem Vorschlag oder Prinzip mit Skepsis begegnet. Es ist für jeden von uns schwer, gewohnte Wege zu verlassen und ein neues Denken und Handeln zu wagen. Auch bin ich mir bewußt, daß etliche Punkte in diesem Buch noch nicht ganz ausgereift sind, und ich hoffe, daß in einer nächsten Auflage wiederum einiges ergänzt und präzisiert werden kann. Trotzdem würde ich mich freuen, wenn

Sie – und einige andere Leser – sich das Geschriebene ehrlich zu Gemüte führen, sich neu auf die Verheißungen Gottes stützen und Ihren Ehepfad nach seinem Wort ausrichten.

Ein vertraulicher Gesprächspartner

Dieses Ehebuch möchte Ihnen auch ein vertraulicher Gesprächspartner sein, so weit das ein Buch überhaupt sein kann.

Viele Probleme werden angesprochen, erfülltes Eheleben vor Augen gemalt. Leider besuchen den Eheberater fast ausschließlich Leute, deren Ehe bereits schwer gestört ist. Die Störung der Ehe steht dann im Vordergrund, das ganze Empfinden dreht sich um dieses schmerzhafte Krebsgeschwür und seine Metastasen im Eheleben.

Hängt das nicht eng mit der Meinung vieler Ehepaare zusammen, daß die Ehe schon funktioniere? Erst wenn bereits vieles kaputt ist, beginnen sie, sich Gedanken zu machen.

Dieses Ehebuch will Sie daher bewußt auf Ihre immer noch vorhandene «gesunde» Ehe ansprechen. Diese Gesundheit müssen Sie erhalten! Und das geht nicht «automatisch»!

Haben Sie Freude an Ihrem neuen Auto? Schön, Sie dürfen auch Freude an Ihrer jungen Ehe haben. Doch was halten Sie von einem Autofahrer, der keinen Ölwechsel durchführt und nie den Reifendruck prüft oder die Zündkerzen wechselt? Das wäre dumm, nicht wahr? Das schöne Auto wäre bald ein Wrack! Und genau das erleben leider viele Ehepaare – den Zerfall ihrer Ehe, weil sie nur ab und zu die Karosserie putzen und etwas aufpolieren, sich um die tiefer liegenden Dinge aber nicht kümmern. Und dies ist noch dümmer; denn ein kaputtes Auto kann man ersetzen, eine kaputte Ehe nicht!

H. Wirtz meint: «Es gibt keinen verhängnisvolleren Irrtum in der Ehe, als zu glauben, die eheliche Liebe sei etwas in sich Beständiges und Dauerndes; einmal da, sei sie unsterblich, sogar unverwundbar. Fast alle Soldaten, die im letzten Kriege für unverwundbar gehalten worden sind, haben die Heimat nicht wiedergesehen. So ist auch die Liebe verwundbar und kann absterben. Liebe ist ein immerwährender Kampf mit dunklen Gewalten in der eigenen Seele und in der Seele des andern. Wo nicht mehr gekämpft wird, da wird nicht mehr geliebt! Und es dauert nicht lange, und der schöne Traum ist zu Ende. Ihn noch einmal zu träumen ist gewiß möglich, aber schwerer. Finden ist immer schwerer als verlieren.»

In diesem Sinne bitte ich Sie, Zeit zu investieren, um das in diesem Ehebuch Geschriebene zu erforschen, zu erlernen und anzuwenden – Ihre Ehe ist es wert!

Das Ehe-Boot

Wir versuchen nun, uns anhand eines Vergleichs, eines Bildes, die gesunde Ehe vor Augen zu malen. Bitte denken Sie daran, daß jeder Vergleich hinkt und daß unser Beispiel nicht dogmatisch zu verstehen ist; es soll Ihnen aber helfen, die folgenden Ausführungen über die Ehe besser behalten und verstehen zu können.

Lassen Sie uns erfülltes Eheleben mit einer Segelfahrt über einen großen See vergleichen. Das andere Ufer ist unser eheliches Ziel; das Segelboot steht für die Ehe; Mann und Frau sind die Insaßen des Bootes.

Unser Ehe-Boot besteht grundsätzlich aus drei Teilen: Verlassen, Anhangen, Ein-Fleisch-Werden.

So sagt es uns Gott in 1. Mose 2,24: «Darum wird ein Mann seinen Vater und seine Mutter verlassen und seinem Weibe anhangen, und sie werden ein Fleisch sein.»

Dieser Dreiklang schafft die tragfähige Ehegrundlage. Die drei Prinzipien bilden – wie die Wände eines Bootes – den nötigen Schutzraum für das Leben *im* Boot. Fällt ein Teil weg, strömt Wasser ins Boot, und das Boot sinkt.

Schauen wir uns diese drei Teile näher an:

Verlassen

Wie realistisch Gottes Wort doch ist! Da steht zuerst nichts über Mondschein und Händchenhalten als Voraussetzung für ein erfülltes Eheleben, sondern es geht um die Bereitschaft zu verlassen. Wie beim Neugeborenen zuerst der Schnitt durch die Nabelschnur erfolgen muß, so müssen Eheleute ihre Eltern verlassen. Die Geborgenheit des Elternhauses muß aufgegeben werden. Mann und Frau erklären damit: Ich bin bereit, eine neue Gemeinschaft einzugehen und selbst Verantwortung zu übernehmen.

Verlassen tut weh. Verlassen ist zunächst eine seelische Angelegenheit. Man ist bereit für ein Opfer, bereit, die Seile zu kappen, die einen als Sohn oder als Tochter ans Elternhaus gebunden haben.

Das Verlassen ist auch eine äußerliche Angelegenheit. Es gibt afrikanische Stämme, bei denen das ganze Dorf des Bräutigams kilometerweit tanzend die Braut in ihrem Dorf abholt. Mann und Frau sollen öffentlich erklären, daß sie ihre bisherige Lebensgemeinschaft aufgeben wollen, um eine neue einzugehen; denn nur wer eine klare Trennung vollzogen, wer *verlassen* hat, kann auch frei sein, um echt «anzuhangen».

Das Prinzip des Verlassens verdeutlicht auch, daß dazu eine gewisse Reife vorhanden sein muß. Es heißt nicht, daß ein Bub sein Elternhaus verlassen soll, um seinem Mädchen anzuhangen, sondern daß ein *Mann* Vater und Mutter verlassen soll, also einer, der gelernt hat, auf eigenen Füßen zu stehen; das bedingt auch finanzielle Unabhängigkeit.

Wieviel Not hat die Mißachtung dieses Prinzips schon bereitet! Sprüche 24,27 lautet daher auch: «Besorge draußen deine Arbeit und bestelle sie dir auf dem Felde; hernach magst du dann dein Haus bauen.»

Wie eindrücklich schützt Gott hier auch die Frau vor der damals weit verbreiteten orientalischen Unsitte, daß die Frau zur Untergebenen (oft Sklavin) der Familie des Mannes oder seiner Sippe wurde!

«Verlassen» muß mit einer tiefen, inneren, existentiellen Entscheidung vollzogen werden. Obwohl ein Kind im Mutterleib völlig auf den Mutterkuchen angewiesen und so die Nabelschnur lebensnotwendig ist, muß zur Stunde der Geburt eine klare Trennung vollzogen werden!

Unser zweites Kind wurde mit der Nabelschnur um den Hals geboren. Da hatte der Arzt sofort einzugreifen: dem Baby mußte – weil es beim Geburtsvorgang zu wenig Sauerstoff erhalten hatte – künstlich Sauerstoff zugeführt werden. Somit wurde das, was lebensnotwendig war, ab einem bestimmten Zeitpunkt zum Gegenteil: lebensgefährlich!

So ist es auch mit unserer Bindung ans Elternhaus. Was bisher «lebensnotwendig» war – die Fürsorge der Mutter, die Führung des Vaters usw. – kann für eine Ehe lebensgefährlich werden!

Oft schleppt man noch unbewußt seine «Nabelschnur» mit sich herum: Die Ehefrau kocht anders als die Mutter, legt die Wäsche anders zusammen, putzt anders und manchmal ist am Mittag auch das Bett noch nicht gemacht. Der Ehemann vergleicht dies mit der Tätigkeit der Mutter (Nabelschnur), oft sogar ganz offen. Das verärgert die junge Ehefrau und weckt den Wunsch, noch mehr das Gegenteil zu tun.

Claudia merkte in ihrer jungen Ehe, daß

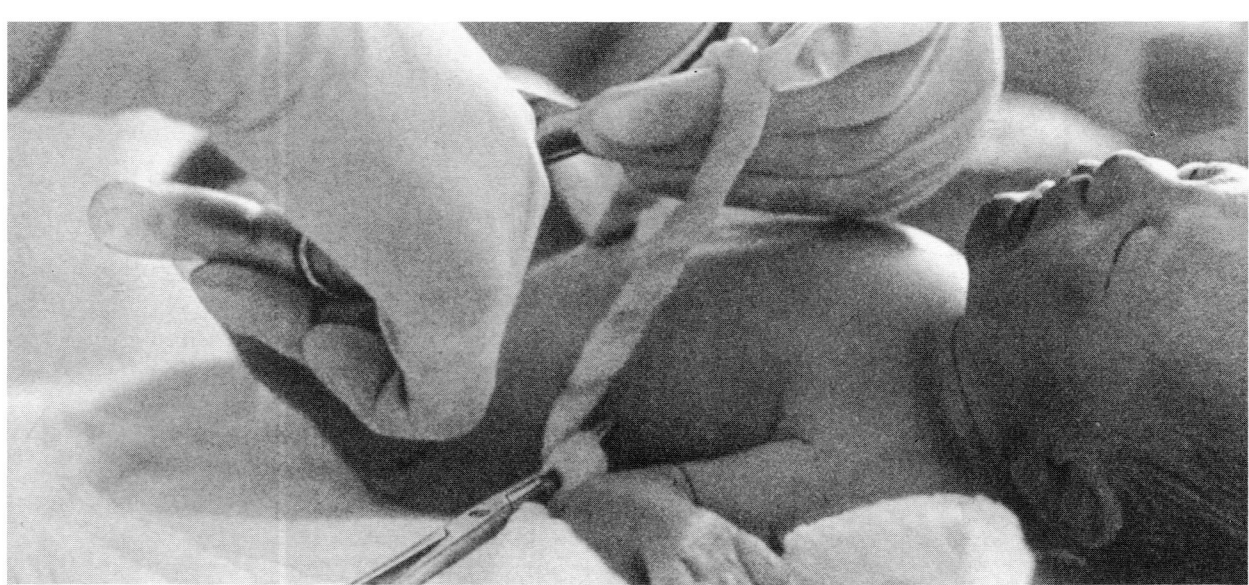

sie oft unbeabsichtigte Abneigung gegen ihren Mann empfand. Beim Gespräch mit einem ihr bekannten Berater wurde klar, daß ihr Mann sie in gewissen Situationen sehr an ihren Vater erinnerte, zu dem Claudia kein besonders gutes Verhältnis hatte. Wenn ihr Mann beispielsweise seine Socken herumliegen ließ oder sein Trinkglas nicht wegräumte, übertrug sie ihre Gefühle, die sie jahrelang gegenüber ihrem Vater unterdrückt hatte, unbewußt auf ihren Mann.

Wir müssen also prüfen, ob wir unsere Reaktionen unserer Mutter oder unserem Vater gegenüber nicht unbewußt auf unseren Ehepartner übertragen.

Sich dies bewußtzumachen und abzulegen gehört zum Prinzip des «Verlassens».

Obwohl in der Bibel konkret vom Verlassen der Eltern die Rede ist, weist dieser Begriff noch auf eine umfassendere Bedeutung hin: Verlassen heißt auch loslassen. Loslassen ist mehr eine innere Haltung als eine Aktivität, wobei selbstverständlich eine Haltung stets auch Konsequenzen im Verhalten und in den Handlungen mit sich bringt.

Der junge Mann, der bisher jeden Sonntagnachmittag auf dem Fußballplatz verbrachte, verläßt diese Gewohnheit um der neuen Lebensgemeinschaft willen. Die junge Frau, die jeden Abend etwas anderes auf dem Programm hatte, läßt auch diesbezüglich los, um Zeit für die Gemeinschaft zu haben. Oder man verzichtet auf manch teures Hobby, auf ausgiebige Reisen oder das grö-

ßere Motorrad, um für den gemeinsamen Haushalt zu sparen. Der engagierte Bergsteiger verzichtet auf die tagelangen Touren mit seinen Kameraden, die begeisterte Tennis-Spielerin läßt das harte Training und den Ehrgeiz auf den Meistertitel los. Ja, die Frau gibt sogar ihren Nachnamen auf, um den Namen des Mannes anzunehmen.

Verlassen heißt loslassen, heißt Verzicht auf die Vorzüge des Junggesellenlebens, Verzicht auf die Vorteile des Alleinseins. Wer nicht bereit ist zum Verzicht, wird das notwendige Prinzip des Verlassens nicht erfüllen können.

Hier hat also jeder Partner *bereits vor* der Ehe einen wichtigen Prüfstein, ob der andere Partner wirklich «heiratstauglich» ist. Wer nicht verlassen kann, soll auch nicht heiraten.

Wer nicht bereit ist zum Verzicht, wird das notwendige Prinzip des Verlassens nicht erfüllen können, sein Ehe-Boot wird leck sein, bevor er auch nur ein paar Meter in See gestochen ist.

Anhangen

Das hebräische Wort für «anhangen» bedeutet auch «kleben». Wie ein Bild fest im Fotoalbum klebt, so eng werden Mann und Frau verbunden sein. Untrennbar sind die beiden geworden. Reiße ich das eine weg, beschädige ich damit gleichzeitig auch das andere. Bei einer Trennung zerreiße ich beides, wenn Kinder da sind, leiden auch sie unter dem Riß.

Anhangen ist verbindlich, kein Suchen, Tasten, Prüfen mehr, sondern die Folge eines willentlichen Entschlusses, einer persönlichen Entscheidung. Da entschließt sich ein Mann, mit einer Frau «zusammenzukleben», untrennbar, unauflöslich, für immer «...bis daß der Tod uns scheidet...» Und eine Frau entscheidet sich dafür, alles mit ihrem Mann zu teilen, mit ihm zu einer neuen Einheit zu werden. Zu einer Einheit, in der Not und Leid des einen automatisch auch den andern betreffen, in der es nur ein gemeinsames Wachsen und Entfalten geben kann; ein einseitiges Reifen verzerrt diese Einheit und ist letztlich gar nicht möglich, denn das «Zurückbleiben» des einen verhindert gleichzeitig auch das Wachstum des andern.

Wenn Ehe so gelebt und praktiziert wird, erleben die Ehepartner eine Einheit, wie sie in menschlichen Beziehungen absolut einmalig ist. Sie stehen sich näher als allen Freunden, Verwandten und Bekannten, ja sogar näher als den eigenen Kindern. Wir sehen daher auch, daß der Entschluß zu dieser Einheit zuerst den geistig-seelischen Bereich betrifft und sich erst in der Folge im körperlichen Bereich ausdrückt. Zwei Leute, die sich heiraten möchten, müssen daher zuerst eine geistig-seelische Einheit schaffen, damit das «Anhangen» existentiell vollzogen werden kann.

Ich muß meinen Partner kennenlernen, erst dann kann ich wissen, ob ich mit ihm für immer «zusammenkleben» möchte; erst dann kann ich meine Entscheidung, mein

Ja in voller Verantwortung treffen. Wer sich nicht Zeit nimmt, den Partner vor der Heirat und vor der geschlechtlichen Vereinigung kennenzulernen, geht mit seinem Ja leichtfertig um.

Oftmals wird ihm dies erst nach der Heirat bewußt, wo es genügend Gelegenheit gibt, den kennenzulernen, mit dem man da «zusammenklebt».

Anhangen beinhaltet dauernde Treue. Zur echten Ehe gehört der unumstößliche Wille und Entschluß zur Treue. Ehe auf Zeit hat keine Basis!

Dieses unveränderliche Treueversprechen ist gleichsam das Mittelstück in unserem Ehe-Boot. Wird diese Treue gebrochen, fällt der Kahn schnell auseinander, wenn nicht sofort eine Rettungs- und Reparaturaktion eingeleitet wird.

Zur Ehe gehört also der unumstößliche Wille und Entschluß zur Treue.

Ein-Fleisch-Werden

Ein-Fleisch-Werden ist das dritte Teilstück unseres Ehe-Bootes. Die Reihenfolge ist klar: die ersten beiden Teilstücke – Verlassen und Anhangen – bergen die Möglichkeit wirklicher Liebe in sich, die sich bis in den körperlichen Bereich hinein auswirkt. Verlassen und Anhangen sind das Flußbett, in dem ein wundervoller Strom sexueller Liebe dahingleiten kann. «Ein-Fleisch-Werden», die geschlechtliche Vereinigung in der Ehe, ist der tiefste Ausdruck menschlicher Einheit. Geschlechtsverkehr ist also nicht ein Mittel, um eins zu werden, sondern Folge und Ausdruck unserer Einheit.

Dieses Ein-Fleisch-Sein deutet aber nicht nur auf geschlechtliche Einheit hin, sondern malt ein umfassendes Einssein vor Augen. Die Ehepartner – die nach Matth. 19,6 nicht mehr zwei, sondern ein Fleisch sind – teilen nun alles zusammen: Freud und Leid, Lachen und Weinen, Hoffen und Verzagen, Erfolg und Enttäuschung, Not und Glück, Gesundheit und Krankheit. Christliche Eheleute haben sich miteinander identifiziert!

Fragen und Antworten

Nicht im Stich lassen

«... ich kann doch meine Eltern nicht einfach im Stich lassen...»   Irene K.

Verlassen heißt nicht im Stich lassen. Nur wenn Sie, als Tochter, ihre Eltern verlassen, um Ihrem Mann anzuhangen, werden Sie frei werden, um Ihren Eltern wirklich helfen zu können. Wenn Sie aber meinen, Sie müßten Ihre Eltern bemuttern und stets bei Ihnen sein, dann dürfen Sie nicht heiraten! Ihrer Ehe würde nämlich automatisch eine wesentliche Voraussetzung für ihr Gelingen fehlen.

Gemeinsame Wohnung?

«Meine Mutter ist Witwe. Sie ist aus körperlichen Gründen auf Hilfe angewiesen. Nun möchte sie, daß Karin und ich nach unserer Hochzeit zu ihr ziehen. Ist das grundsätzlich abzulehnen?»   Wolfgang Z.

Das Prinzip des Verlassens ist zuerst einmal eine innerliche Angelegenheit. So ist es also möglich, zu verlassen, und doch in einem Haus zu wohnen. Dabei sind aber unbedingt einige praktische Dinge zu beachten. In einem Haus *heißt* nicht in einer Wohneinheit. Wenn ihre Mutter also Wohnzimmer und Küche mit Ihrer Karin teilen möchte (Schlafzimmer dürfte jedermann klar sein), dann ist das unbedingt abzulehnen. Ihre Ehe würde dadurch eine unverantwortliche Belastung allein durch den Umstand erfahren, daß Sie mit Ihrer Frau nie recht «allein sein» könnten. Auch wäre Ihre Frau überfordert, im gemeinsamen Haushalt eine selbständige Hausfrau zu werden.

Besteht eine Notlage, ist es immer besser, die Mutter beispielsweise ins eigene Heim einzuladen, als Gast, dem man gerne hilft, statt in den mütterlichen Haushalt zu ziehen. Die Trennung der Wohneinheiten muß aber in jedem Fall gewährleistet sein. Allein die Tatsache des Lebens in einem «fremden Haushalt» verdeutlicht die schier unüberwindliche Schwierigkeit eines eigenständigen Ehelebens.

Mütterlicher Rat?

«Darf man sich bei seiner Mutter keinen Rat holen? Als ich mit meiner Mutter kürzlich ein Eheproblem besprach, begann mein Mann einen mir unverständlichen Krach...»
Bettina L.

Zwischen einem Rat holen und einem Eheproblem besprechen besteht ein gewaltiger Unterschied. Wenn Sie sich in Ihrer Eigenschaft als Hausfrau und Mutter an Ihre Mutter wenden und um einen praktischen Rat nachsuchen, so ist dies sicherlich angebracht und auch empfehlenswert. Ein Eheproblem geht aber in erster Linie nur Sie und Ihren Mann etwas an, nicht Ihre Mutter. Mit Recht fühlt sich Ihr Gatte verraten, wenn Sie eheliche Angelegenheiten mit Ihrer Mutter besprechen. Eheprobleme haben Sie mit Ihrem Mann zu lösen! Nur wenn dies nicht möglich ist, wenn Sie gemeinsam steckenbleiben, sollten Sie sich einem Dritten anvertrauen – am besten aber einem christlichen Berater, Seelsorger oder einer reifen christlichen Freundin aus Ihrer Gemeinde. Solche Leute werden, wenn sie kompetent sind, stets versuchen, das Problem zusammen mit beiden Partnern zu lösen und beide anleiten, die Eheprobleme gemeinsam zu lösen. Schwiegermütter sind als solche nicht besonders geeignete Eheberater, was natürlich nicht heißt, daß sie nicht kompetent sind.

Finanziell abhängig

«Da mein Verlobter noch studiert, ist er von der finanziellen Unterstützung seines Vaters abhängig. Der nutzt es aber oft aus und verlangt viel von uns (Besuche, konkrete Anweisungen bezügl. Wohnung, Auto etc.). Was sollen wir tun? Gehorchen wir nicht, so kann er seine Unterstützung zurückziehen, und wir können nicht heiraten.»

Gabriele S.

Heiraten Sie nur dann, wenn es auch ohne Unterstützung des Schwiegervaters möglich ist, sonst wird Ihre Ehe z.T. von ihm gestaltet werden, was eine unverantwortliche Belastung wäre. Ich hörte sogar einmal von einem Vater, der dem jungen Paar Befehle bezüglich der Kinderzahl erteilte ...

Zum Heiraten braucht man keine komfortable Wohnung – man kann auch, statt mit Polstersesseln, mit selbsthergestellten Sitzkissen beginnen. Das Eheglück hängt auch nicht vom Besitz eines Autos ab. Dagegen hängt Ihre Ehe sehr wohl vom «Verlassen»

ab! Ihr Verlobter muß es darauf ankommen lassen! Er muß seinem Vater klarmachen, daß er beabsichtigt, einen eigenen Hausstand zu gründen, den er selbst zu führen gedenkt.

Oft fehlt's in solchen Situationen an offen ausgesprochener Wahrheit, die man ja in Liebe – und nicht von Aggressionen gespeist – sagen kann und soll. Tritt dann tatsächlich «das Schlimme» ein, und Sie müssen noch ein Jahr bis zum Ende des Studiums mit der Hochzeit zuwarten, dann warten Sie eben (mit allen Konsequenzen!) und halten die Spannung der Verlobungszeit noch eine Weile durch – die Reife, die Sie dadurch erlangen, wird Ihnen für Ihr Eheleben zugute kommen!

Schwiegermutter-Probleme

«Es treibt mich fast zur Weißglut, daß sich meine Schwiegermutter (sie wohnt zwei Häuserblocks von uns entfernt) immer wieder in meine Kindererziehung und in Angelegenheiten meines Haushalts einmischt. Es kommt leider oftmals auch zur offenen Auseinandersetzung, wenn's einfach bei mir überquillt und ich's nicht mehr schlucken kann. Dann habe ich ein schlechtes Gewissen. Es ist doch schließlich die Mutter meines Mannes.»

Helene Pr.

Hier sind zwei problematische Aspekte zu beachten: Sie reagieren auf das falsche Verhalten Ihrer Schwiegermutter mit Wut und Bitterkeit. Das ist ganz einfach gesagt Sünde. Mit Recht haben Sie dann nach einem Streit ein schlechtes Gewissen, da Sie sich zu Wut und vielleicht auch tiefem Groll verführen ließen. Für Sie heißt zuerst die biblische Reaktion: Vergeben Sie Ihrer Schwiegermutter das falsche Verhalten (wie auch Christus Ihnen vergeben hat), achten Sie diese Frau und versuchen Sie, ihr seelsorgerlich eine Hilfe zu sein. Dann klären Sie die Einmischung in Ihre Angelegenheiten, sachlich, in Liebe und Wahrheit. Das erfordert ein grundsätzliches, offenes Gespräch, bei dem allerdings Ihr Mann die Führung übernehmen sollte. Er hat seiner Mutter in aller Freundlichkeit, aber kristallklar zu verdeutlichen, daß Sie den Haushalt führen und daß die Kindererziehung Ihnen und ihm obliegt.

Bei einem Besuch bemängelte die Schwiegermutter stets das Essen. Da sagte der betreffende Ehegatte zu seiner Mutter: «Mutter, noch einen Ton gegen meine Frau, und ich bringe dich zum Bahnhof.» In aller Ruhe hatte er das gesprochen, doch war klar, daß er seine Drohung wahrmachen würde. Seine Mutter bereitete daraufhin keine Probleme mehr.

«Haltet Friede mit jedermann, soviel an euch liegt...», sagt uns die Bibel. Unfriede entsteht dort, wo man sich um ein offenes Wort drückt. Auch wenn sich Ihre Schwiegermutter vielleicht beleidigt zurückziehen sollte, so ist auch ihr die geklärte Situation eine größere Hilfe als versuchte, aber ungute Toleranz mit gelegentlichen Vulkanausbrüchen. Halten Sie in einem solchen Fall Ihrer Schwiegermutter freundlich und in achtungsvoller, vergebungsbereiter Gesinnung die «Tür» weiterhin offen (Sie dürfen also nicht genauso mit Beleidigtsein reagieren), und achten Sie auf die Einhaltung der Grenzen, die beim offenen Gespräch dargelegt wurden.

Gefühle der Bitterkeit

«Ich möchte und habe meiner Schwiegermutter ihre boshaften Angriffe auf mich vergeben. Wenn aber wieder Bitterkeit in mir hochsteigt, ist es dann nicht ein Hinweis dafür, daß ich doch noch nicht vergeben habe?»   *Helene P.*

Diese Frage wird im Bezug auf biblische Vergebung auch in anderen Bereichen oft gestellt. Man muß dabei festhalten: Vergeben ist grundsätzlich eine Willensentscheidung, die besagt, daß ich auf Vergeltung, Rache oder Genugtuung verzichten will! Auch nach solch einer Entscheidung können noch Gefühle des Grolls und der Bitterkeit in einem hochkommen, was lediglich als «Anfechtung» einzustufen ist und nicht als «Unversöhnlichkeit». Das Entscheidende ist die Frage, wie ich nun mit diesen Gefühlen umgehe: «Füttere» ich sie, lasse ich mich dadurch manipulieren und wieder zu Vergeltungs-Gedanken hinreißen? Oder halte ich an meiner bereits getroffenen Entscheidung der Vergebung fest? Wichtig dabei ist, wie ich prinzipiell meine Gefühle einordne.

In unserer Gesellschaft wird behauptet, Gefühle würden stets über die Wirklichkeit

Auskunft geben. Das ist eine der größten Lügen. Wenn ein Angestellter seine Firma bestiehlt, kann er dabei möglicherweise ein «sehr gutes Gefühl» haben – aber er ist trotzdem schuldig geworden. Ein anderer kann sich in seinen übertriebenen Angebereien «sehr wohl fühlen» – in Wirklichkeit aber steht er unter dem Urteil der Lüge und Heuchelei.

«Dein Wort ist Wahrheit», heißt es in Johannes 17,18. Nicht Gefühle offenbaren uns die Wirklichkeit (sie können allenfalls die Wirklichkeit bestätigen), sondern das Wort Gottes.

Erinnern wir uns an dieser Stelle an die Vergebung, die ein Mensch von Gott empfangen kann. Jeder Christ kennt folgende Situation: Man hat gesündigt, und nun fühlt man sich schuldig (richtigerweise – hier bestätigt das Schuldgefühl die Wirklichkeit). Ein Christ weiß aber, daß er sich an Gottes Wort halten und nach 1. Johannes 1,9 handeln darf: «Wenn wir unsere Sünden bekennen, so ist er treu und gerecht und vergibt und reinigt uns von aller Ungerechtigkeit.» Als Christ werde ich also Gott meine Sünde bekennen, indem ich ihm in seinem Urteil darüber recht gebe. Ich darf aber dafür danken, daß Jesus Christus auch die Strafe dafür bereits bezahlt und für meine Schuld gesühnt hat. So kann ich die Verheißung Gottes bewußt für mich persönlich in Anspruch nehmen und dafür danken, daß ich wissen darf: Gott lügt nicht, und weil Jesus Christus für meine Schuld gestorben ist und ich sie vor ihm bekannt habe, darf und soll ich meine Schuld aufgrund des Versprechens Gottes als vergeben betrachten.

Einen halben Tag später mag es aber sein, daß man das alte Schuldgefühl immer noch wahrnimmt. Doch gerade hier kann ich bewußt festhalten: Gefühle geben nicht immer Auskunft über die Wirklichkeit! Ob Schuldgefühle vorhanden oder nicht: Weil Gott versprochen hat, mir zu vergeben und mich zu reinigen, ist das Wirklichkeit, auch wenn mir meine Gefühle im Moment eine andere Wirklichkeit vorgaukeln wollen.

Jener Christ, der sich von dem noch vorhandenen Schuldgefühl gefangennehmen und belügen läßt, wird vermutlich vor Gott ein weiteres Bekenntnis ablegen; er wird vielleicht versuchen, sogar ein paar Reuetränen herauszupressen, um die Vergebung Gottes «wirklich» in Anspruch nehmen zu können. Die Folge davon: Die Schuldgefühle (die in diesem Fall nicht die Wirklichkeit der bereits erfolgten Vergebung Gottes bestätigen) werden dadurch gefüttert, so daß sie weiter gedeihen können.

Halte ich jedoch an der Verheißung Gottes fest (1. Johannes 1,9), so werden sich meine Gefühle mit der Zeit dieser Wirklichkeit fügen müssen: Die falschen Schuldgefühle werden langsam aber sicher verschwinden, weil sie nicht länger geglaubt noch gefüttert werden.

Ähnlich verhält es sich, wenn wir einem anderen Menschen Vergebung ausgesprochen haben, aber Gefühle des Grolles und der Bitterkeit wieder in uns hochsteigen.

Wenn ich bewußt und willentlich auf Genugtuung und Vergeltung verzichtet und die Sache ad acta gelegt habe, dann darf ich wissen: Ich habe vergeben! Kommt Groll in mir hoch, werde ich mich um so fester an der Wirklichkeit («Ich habe vergeben!») festhalten und mir bewußt sein, daß meine Empfindungen in diesem Fall keine Auskunft über die Wirklichkeit geben. So werden sich meine Gefühle mit der Zeit meiner Entscheidung der Vergebung anpassen müssen.

Lasse ich mich hingegen von meinen Gefühlen des Grolls (nach geschehener Vergebung) weiter belügen und mir vormachen, ich hätte noch nicht vergeben, werden sie bleiben. Ich muß dann immer wieder – natürlich erfolglos – versuchen, zu vergeben in der Hoffnung, meine Gefühle würden diese Vergebung einmal bestätigen. Gefühle können das nicht tun. Gott hat die Gefühle dazu geschaffen, daß sie im Leben des Menschen Diener seien, nicht Herrscher.

Vergeben heißt nicht: gewähren lassen

«Ich habe Konflikte, wenn ich einerseits vergeben, andererseits aber eine feste, zurechtweisende Haltung – gerade meiner Mutter gegenüber, die sich sehr in unsere Eheangelegenheiten einmischt –, einnehmen soll. Ist das denn kein Widerspruch?»
Karl-Heinz T.

Wie wir bereits gesehen haben, ist es zuerst unsere Verantwortung und unsere Aufgabe, bei Verletzungen, Kränkungen und anderen Widerwärtigkeiten biblisch zu reagieren, indem wir Vergebung aussprechen und uns bewußt dazu entscheiden, auf jegliche Genugtuung oder Vergeltung zu verzichten.

Wenn wir aber bewußt auf Genugtuung oder Vergeltung verzichten, dürfen wir doch niemals zulassen, daß der andere durch unsere Haltung auf seinem sündhaften Weg unterstützt wird.

Wenn Gott uns unsere Fehler und Ungerechtigkeiten täglich vergibt, dann will er uns gleichzeitig helfen, von unserer Sünde zu lassen. Vergebung ist also niemals ein «Freibrief» zur Sünde. Jesus sagte zur Ehebrecherin in Johannes 8, nachdem er ihr vergeben hatte: «Gehe hin und sündige hinfort nicht mehr» (Vers 11).

Die Bibel weist uns darauf hin, daß wir vergeben sollen, darüber hinaus aber auch die Verantwortung und Pflicht haben, zurechtzubringen, zu ermahnen, den anderen Menschen zu helfen, damit sie von ihren sündhaften Wegen umkehren können.

Ein Glaubensbruder erzählte mir einmal eine persönliche Erfahrung, die unser hier behandeltes Prinzip auf eindrückliche Weise verdeutlicht:

An einer deutschen Universität versuchten einige Christen, die Botschaft des Evangeliums den Studenten durch einen Büchertisch näherzubringen. Doch in der Mensa der Uni waren noch andere Gruppierungen vertreten, die ihre Ideen verbreiten wollten: Anthroposophen, Umweltschützer, Marxisten u.a.

Den besten Standort für einen Büchertisch bekam immer jene Gruppe, die morgens als erste erschien. So geschah es eines Morgens wieder, daß diese disziplinierte Christen-Gruppe zuerst ihren Büchertisch aufstellte. Kurz danach erschien aber die marxistische Gruppe. Jener Leiter wandte sich an den Leiter des christlichen Büchertisches: «Hallo, könnt ihr uns bitte euren Büchertischplatz geben?!»

Der Christ antwortete: «Nein, den können wir euch leider nicht geben.»

«Aber ihr seid doch Christen, und ich bitte euch doch höflich darum, also müßt ihr uns doch euren Büchertisch geben!»

Darauf der Christ: «Weißt du, du bist ein so sympathischer Mensch, daß ich dir gerne unseren Büchertisch geben würde. Doch wir sind Christen und verbreiten mit unserem Büchertisch die Frohe Botschaft des Evangeliums. ihr aber verbreitet gottlose Literatur. Wenn ich nun euch unseren Büchertischplatz geben würde, dann würde ich damit die Verbreitung gottloser Literatur unterstützen. Und gerade weil ich Christ bin, kann ich das nicht tun...»

Der Christ und der Marxist hatten daraufhin noch ein freundliches und sehr gutes Gespräch zusammen.

Haben Sie dieses Prinzip, verstanden? Gerade weil wir Christen sind, sollen wir keine sündhaften Wege unterstützen, sondern wenn ein Christ z.B. erfährt, daß sein Schwiegervater Übles und Unwahres über ihn weitererzählt hat, soll dieser Christ zuerst sei-

nem Schwiegervater vergeben. Dann ist es aber seine Pflicht, dem Schwiegervater zu helfen, von der üblen Art der Nachrede loszukommen. Anstatt zu schweigen, wird dieser Christ den Schwiegervater zur Rede stellen. Hört er, «so hast du deinen Bruder gewonnen. Hört er aber nicht, so nimm noch einen oder zwei mit dir...» usw., so können wir in Matthäus 18 nachlesen.

Auch hier: Zuerst ist es meine Pflicht zu vergeben, damit mein Problem gelöst ist. Dann, aber erst dann, kann ich mich mit dem Problem des andern befassen.

Jesus Christus verdeutlicht uns diesen Sachverhalt mit folgendem Beispiel:

«Was siehst du aber den Splitter in deines Bruders Auge und wirst nicht gewahr des Balkens in deinem Auge? Oder wie kannst du zu deinem Bruder sagen: Halt, ich will den Splitter aus deinem Auge ziehen, – und siehe, der Balken ist in deinem Auge? Du Heuchler, ziehe zuerst den Balken aus deinem Auge und dann siehe zu, wie du den Splitter aus deines Bruders Auge ziehest!» (Matthäus 7,3–5).

Solange ich nicht vergeben habe, steckt in meinem Auge noch der Balken der Unversöhnlichkeit, Vergeltung oder Rache. Dieser Balken muß zuerst entfernt werden, erst dann soll ich mich – wenn überhaupt – mit dem Splitter in meines Bruders Auge befassen. Warum die Bemerkung «wenn überhaupt?» Weil durch mein Stillschweigen nicht in jedem Fall ein sündhafter Weg unterstützt wird. Viele Verfehlungen oder Kränkungen geschehen auch durch Mißver-

ständnisse oder ganz einfach durch Unreife. (Man kann z.B. noch ein ungenügendes Empfindungsvermögen als Christ haben, so daß man andere unabsichtlich verletzt.) Bei all diesen «Kleinigkeiten» aber zu meinen, man müsse sie immer erwähnen, man müsse stets ermahnen und korrigieren, ist sicherlich nicht richtig. Es genügt vielfach, im stillen Vergebung auszusprechen, um eine bereinigte Atmosphäre zu schaffen. Ein andermal wird mir deutlich, daß ich den andern ansprechen muß, um ihm helfen zu können. Auf jeden Fall muß der «Splitter aus dem Auge des andern» immer so entfernt werden, daß es ein Akt der Hilfe für ihn ist – aus Liebe motiviert. Weil ich das Beste für den andern will, möchte ich dies oder jenes ansprechen und ihm helfen, davon loszukommen. Oder ihm durch meine Ermahnung klarmachen, daß er sich auf einem falschen Weg befindet.

Habe ich aber nicht zuerst vergeben, ist mein Reden keine biblische Ermahnung, sondern ein Abladen meiner Aggressionen oder vom Verlangen nach Genugtuung und Vergeltung geprägt. Auf diese Weise werde ich dem andern nie helfen können. Jemanden auf seine Sünde oder Kränkung aufmerksam zu machen, ohne ihm zuerst (im stillen) Vergebung ausgesprochen zu haben, heißt, nicht mehr das Beste für den andern zu suchen (= ihn lieben).

Mehr zum Thema «Vergebung» auf den Seiten 129 ff. in diesem Buch.

Lieben lernen

Gehen wir in unserem Bild nun einen Schritt weiter: Was nützt das beste Segelboot ohne gesetzte Segel? – Nicht viel! Jedenfalls wird man sein Ziel nicht erreichen. Jemand, der mit seinem Segelboot vorwärtskommen möchte, muß etwas tun, muß arbeiten, muß – auf die Ehe übertragen – lieben. Ohne Liebe kein erfülltes Eheleben!

Lieben oder Verliebtsein?

In der Regel beginnt eine Zweierbeziehung mit einer Art Verliebtheit. Irgendein Wesenszug, eine Eigenschaft oder lediglich das anziehend wirkende Äußere eines anderen Menschen wecken in mir eine Reaktion. Besonders dann, wenn gewisse Merkmale mit dem unbewußten Bild, das ich von einem idealen Partner habe, übereinstimmen. Daher erscheint einem der andere auch plötzlich so vertraut.

Sabine schwärmte schon als junges Mädchen von Pierre Brice, dem bekannten Darsteller des Winnetou.

Jeden Karl-May-Film hatte sie sich angesehen; jedes Buch gelesen, wobei sie sich auch bei der Lektüre stets den Apachenhäuptling Winnetou bildlich in Pierre-Brice-Gestalt vorstellte. Als Sabine schließlich von einem jungen Mann angesprochen wurde, der mit seinem dunklen Haar, seiner bräunlichen Haut und seinem introvertierten, etwas stolzen Verhalten dem indianischen Häuptlings-Bild glich, verliebte sie sich auf den ersten Blick. Diese Verliebtheit wurde bald verstärkt, als Sabine von den sportlichen Leistungen ihres jungen «Winnetou» erfuhr. Sie war überzeugt, den Mann fürs Leben gefunden zu haben. Jugendträume wurden wahr.

Auf Anraten der Eltern ließ sich Sabine glücklicherweise auf keine schnelle, enge Verbindung ein. Mit der Zeit entdeckte sie auch absolut «nicht-indianische» Merkmale bei ihrem «Winnetou»: Er war völlig unzuverlässig; ein Versprechen, das er gab, war ihm genausoviel wert wie eine leere Bierdose. Er dachte nicht daran, auch nur ein klein wenig von seiner Bequemlichkeit, seinen Interessen und Wünschen für die neue Freundschaft zu opfern. Sabine mußte erkennen, daß ihr «Winnetou» nur für seinen Glanz lebte, daß er nur seine eigenen, egoistischen Bedürfnisse gelten ließ – alles andere war ihm ziemlich egal. Die hübsche Sabine diente ihm lediglich als weiteres Schmuckstück, das seinen eigenen Glanz unterstrich. Zum Glück erkannte Sabine noch früh genug, daß eine Ehe mit jemandem, der sich als «Bauchnabel der Welt» betrachtete, sicherlich danebengehen würde.

Verliebtheit ist niemals ein Garantieschein für eine gute Partnerschaft. Verliebtheit genügt nicht für eine Ehe. Verliebtheit hält auch nicht an (das zu glauben fällt einem verliebten Paar schwer) – sie muß echter Liebe weichen, oder sie mündet in frustrierende Gleichgültigkeit!

Verliebtheit ist wie die aufsprießende, duftende Kirschblüte im Frühjahr. Die Blüten werden garantiert abfallen! Die Frage ist, ob daraus eine Frucht – Liebe – entsteht,

**«Liebe auf den ersten Blick ist ungefähr
so zuverlässig wie eine Diagnose auf
den ersten Händedruck»**   **(G.B. Shaw)**

oder nicht. Nicht jede Blüte wird bestäubt,
so daß sich eine reife Kirsche bilden kann.
Genausowenig führt jede Verliebtheit zu
reifer Liebe.

Verliebtheit ist nicht «aus dem Stoff, aus
dem die Liebe ist». Sie ist mehr «Boogie-
Woogie der Hormone». Verliebtheit ist
grundsätzlich ichbezogen: «Ich weiß nicht
recht, was *mir* geschieht, ich bin verliebt!»
Ein paar Dutzend verschiedene Hormone
sind dabei in die Blutbahn ausgeschüttet
worden und erzeugen diese aufregende
Gemütsverfassung. (Wie der Deutsche For-
schungsdienst im März '85 meldete, gehen
«Herzflimmern, Glücksrausch und alles,
was Liebende sonst noch beim Gedanken
an den geliebten Menschen empfinden
können, möglicherweise auf das Wirken
einer körpereigenen Substanz zurück. Sie
heißt *Phenyläthylamin,* ist ein regelrechtes
Aufputschmittel und wird im limbischen Sy-
stem des Gehirns gebildet, das Ausgangs-
punkt des Gefühlslebens ist.»)

Mit Sicherheit enden diese Gefühle wieder. Sie sind kein Dauerzustand. Wie tra-
gisch, wenn jemand die Verliebtheitsgefühle mit Liebe verwechselt. Da steigt er nämlich eines Morgens aus der Badewanne und
meint, die Liebe sei verschwunden, er könne den Partner nicht mehr lieben, weil eben
diese Gemütsverfassung nicht mehr vorhanden sei.

So erklärte auch ein 17jähriger Autome-
chaniker, der seine Freundinnen wie seine
Hemden wechselte: «Da fühlte ich plötzlich
keine Liebe mehr und machte Schluß...»

Noch tragischer ist es, wenn zwei Menschen nur aufgrund ihrer Verliebtheitsgefühle eine Ehe eingehen – und bereits nach ein paar Monaten das Ende der Gefühle feststellen müssen!

Es gibt tausend Dinge, die Verliebtheitsgefühle auslösen können. Und wenn es sich dabei um den «ersten Blick» handelt, ist der Grund für die Verliebtheit mit Sicherheit nicht «die Liebe»!

«Heiße Blicke» aus hellblauen Augen können genauso Auslöser sein (für das Phenyläthylamin?) wie langes, pechschwarzes Haar, wie die Tatsache des Begehrtwerdens und Wertgeschätztseins oder auch einfach der zärtliche Körperkontakt (z.B. beim Tanzen) Daher: Man nimmt diese Verliebtheitsgefühle zur Kenntnis, wartet am besten mal ab und ist still darüber. Erst beim richtigen Kennenlernen des andern wird es sich zeigen, ob überhaupt eine Basis für *echte Liebe* zum Vorschein kommt. Verliebtheit ist grundsätzlich *kein* Fingerzeig dafür! Eine starke Zuneigung oder Verliebtheit kann beispielsweise auch durch die hoffnungsvolle Erwartung auf Problemlösungen geweckt werden:

Hans fühlt sich sehr einsam, kommt mit sich selbst nicht zurecht und weiß nicht, was er mit sich anfangen soll. Er bemitleidet sich und verlangt nach Selbstbestätigung. Sein ganzes Verlangen, seine ganze Sehnsucht gilt einem Menschen, bei dem er sich aussprechen kann. Da trifft er auf Gabriele, die – man höre und staune – dieselben Probleme hat wie er. Also, was hindert's...?!

Lieben ist mehr Willenssache als Gefühlssache, denn lieben heißt: die wahren Bedürfnisse des andern zu erforschen und zu stillen suchen.

Lieben: «... durch Demut einer den andern höher achten als sich selbst, indem jeder nicht nur das Seine ins Auge faßt, sondern auch das des andern.»

(Phil. 2,3+4)

Nun stellen Sie sich aber einmal vor, es hätte jemand Probleme, beim Singen den Ton richtig zu treffen. Stets singt er einen Viertelton tiefer oder höher, was sich ja – wie viele sicher aus Erfahrung wissen – grauenhaft anhört. Da trifft er jemanden mit demselben Problem. Also, was hindert's...? Sie tun sich zusammen und singen im Duett. Ich persönlich möchte mich diesem «Ohrenschmaus» nicht gerne aussetzen – genausowenig wie ich das Kind von Hans und Gabriele sein möchte!

Bei manchem jungen Menschen wird Zuneigung geweckt, weil er die Möglichkeit sieht, endlich vom Elternhaus wegzukommen; weil er Steuern sparen und sie nicht mehr ihrer Berufsarbeit nachgehen möchte; weil er eine Haushälterin und sie jemanden braucht, den sie bemuttern kann; weil er Angst vor dem späteren Alleinsein hat und sie sich davor fürchtet, sitzenzubleiben.

So konnte man in einer schwäbischen Zeitung ein Heiratsinserat lesen: «*Ich, Bauer, 34 J. alt, suche auf diesem Wege dringend eine schaffige Frau mit Mähdrescher. Mähdrescher am besten: John Deere mit automatischer Ballenbündelung...*»

Die persönlichen Erwartungen an den Partner mögen ganz verschieden sein, jedenfalls reichen sie nicht für eine gute Ehe aus – auch wenn er sie teilweise erfüllen kann; denn Erwartungen haben nichts mit Liebe zu tun. Und ohne Liebe funktioniert eine Ehe nicht. Damit sind wohl die meisten einverstanden. Ja, fast alle Verliebten sind davon überzeugt, daß die einzige, wichtige

Ehegrundlage die Liebe ist. Ohne Liebe keine gute Ehe. Stimmt! Doch warum werden so viele «aus Liebe» geschlossenen Ehen (heutzutage wird man ja nicht mehr einfach «verkuppelt», sondern kann frei entscheiden) so unglücklich? Der Grund dafür ist, daß man nicht weiß, was Liebe ist! Verliebtheit ist eben noch keine Liebe! Liebe ist auch nicht heißes Blut, singendes Gefühl oder unsterbliches Verlangen. Überhaupt kann man dort nicht von Liebe sprechen, wo die Motive infolge persönlicher Vereinsamung oder dem Wunsch nach einem warmen Nest geprägt sind. Da wird vor allem ein verhätscheltes Ego geliebt und versucht, sich ganz persönliche Wünsche zu erfüllen. Hier ist wohl der Wille zu einer Schlaf- und Eßgemeinschaft vorhanden, aber nicht der Wille zur Liebes-Ehe. Für eine solche Bedarfs-Liebe bringt die Ehe dann tatsächlich den Tod. Alle Verliebtheit und Zuneigung endet da einmal – späte-

stens beim ersten Kind und seinen nächtlichen oder frühmorgendlichen Gesangs-Anstrengungen und Schrei-Arien.

Was ist Liebe?

Liebe ist so vielschichtig, so multidimensional, daß man sie mit Worten nicht definieren kann. Selbst der Apostel Paulus konnte uns nur mitteilen, wie sich Liebe ausdrückt, welche Eigenschaften sie besitzt, nicht aber, *was* sie ist. Und das ist auch verständlich, denn Gott ist Liebe (1. Joh. 4,8). Genausowenig wie wir Gott erklären können, können wir die Liebe erklären. So will ich nun auch versuchen aufzuzeigen, wie sich Liebe ausdrückt.

Liebe meint grundsätzlich den andern

«Ich mag sie, die Blume», sage ich, genieße ihren Duft und freue mich über die strahlende Blüte. Dann reiße ich sie ab, nehme sie mit nach Hause, stelle sie in eine Blumenvase, um mich weiter an ihr zu erfreuen.

Das war keine Liebe; denn nach ein paar Tagen muß ich eine verwelkte Blume in den Abfalleimer werfen. Liebe meint grundsätzlich den andern. Liebe ist allertiefste Ehrfurcht vor dem andern. Liebe fragt nicht «was bringt mir das?», sondern «was kann ich für dich sein?»

Wenn ein junger Mann nach einem Tanzabend zu seiner Partnerin sagt: «Ich mag dich, komm mit mir ins Bett, wir wollen uns lieben», dann meint er damit keine Liebe, sondern sich selbst, seine Befriedigung, Drüsenfunktion, ichbezogene Sättigung – und setzt dabei seine «Blume» großen Gefahren und negativen Folgen aus.

Liebe ist höchste Wertschätzung des andern und besitzt ein feines Gespür für dessen Nöte und Bedürfnisse. Solche echte Liebe überfällt uns nicht plötzlich aus heiterem Himmel, sondern muß erlernt, gewollt, geübt, erarbeitet werden. Sie ist eine lebenslange Verpflichtung und unabhängig von unserer Gemütslage, völlig unabhängig davon, ob ich im Augenblick Zuneigung empfinde, Verliebtheitsgefühle feststelle oder «Lust» zum Lieben habe.

Liebe heißt Opferbereitschaft

Da Liebe eine ständige Opferbereitschaft ist, muß Liebe auch «erlitten» werden. Wo der Wille zum Opfer fehlt, ist auch die Grundlage für eine Liebesbeziehung nicht vorhanden.

Diese Opferbereitschaft muß daher schon vor der Eheschließung sichtbar werden. Um der Liebesbeziehung willen wird auf Erlaubtes verzichtet, Gefährliches vermieden, Gewohntes losgelassen. Man legt sich selbst Beschränkungen auf, um den andern beschenken zu können. Man schreibt einen Brief, statt passiv fernzusehen; man verzichtet auf bisherige Gewohnheiten und Freuden, um den andern bereichern zu können. «Es ist schön, für *andere* zu leben», meinte Grillparzer und gab uns damit eine

Richtschnur für echte Liebe: Sie wetteifert darin, sich *dem andern* zu verschenken! Diese Bereitschaft bleibt auch in der Ehe nicht bei dem erreichten Zustand stehen, sondern entfaltet einen konstruktiven Wettstreit: Was kann ich tun, damit unsere Ehe noch besser wird? Und da wird klar, daß ich *mehr* tun muß als mein Partner, daß ich den andern – menschlich geredet – übertreffen will an Selbstlosigkeit, an kleinen Aufmerksamkeiten, an Güte und Verständnis.

Hier liegt meist der Grund für gescheiterte Liebesbeziehungen: Man hatte *Erwartungen,* die dann nicht erfüllt wurden; man hatte Hoffnungen auf dies und jenes – und das Grundsätzliche, *der Wille zur Opferbereitschaft,* fehlte. Daher fehlt auch echte Liebe. Und wie man allgemein richtig feststellt: ohne Liebe keine gute Ehe! Da hat man also nicht den Falschen geheiratet, sondern keine Liebesfähigkeit mit in die Beziehung gebracht! Die Ehe scheitert nicht daran, daß man nicht zusammenpaßt, sondern daß man nicht willig ist, das Beste für den andern zu wollen und zu *tun.* Wenn jeder Partner nur sich selbst meint, läuft sich jede Zweierbeziehung tot.

Edith, 27 J., las in der Zeitung folgende Anzeige: «*Selbstinserent. Ich, 30 J., 179 cm groß, schlank, bisher wegen eigenem, gutgehenden Geschäft sehr in Anspruch genommen, wünsche mir nun eine treue Lebensgefährtin. Meine Hobbys: Tennis, Reiten, Lesen. Bitte schreibe mir unter...*» Das klang vielversprechend, und so schrieb Edith einen Brief und legte ein Foto bei. Man traf sich in einem noblen Restaurant. Erkennungszeichen: Duden (den sich Edith erst anschaffen mußte) unterm Arm. Man überwand das erste peinliche gegenseitige Taxieren, sprach über Interessen und Hobbys, über Kindererziehung und Elternhaus und war schließlich davon überzeugt, einen netten, interessanten Menschen kennengelernt zu haben, mit dem man den Ehehafen ansteuern könne. Schon drei Monate später fand die Hochzeit von Edith und Werner statt. Tränen der Mütter, ein schmachtendes Minnelied der Schwägerin, viel Kuchen, Torte, Sekt und Eiscreme; dann die erste Enttäuschung, weil die Hochzeitsnacht nicht so verlief, wie in Dutzenden von Romanen vorher gelesen; dann kam die Hochzeitsreise nach Griechenland – und damit die ersten Streitigkeiten wegen dem Zeitpunkt des Lichtlöschens und dem Fernsehprogramm. Wesentlich nachdenklicher trat das Paar die Rückreise an, doch der Reiz des Neuen hielt noch an.

Nach vier Monaten verbrachte Edith wieder einmal einen einsamen Sonntagnachmittag. Werner befand sich mit seinen Freunden auf einem Ausritt. Er brauche dies regelmäßig als Ausgleich für den geschäftlichen Streß, sagte er. Sie selbst konnte nicht reiten, hatte auch kein besonderes Interesse daran (und etwas Angst vor den großen Pferden). Ihr die Angst zu nehmen, ihr das Reiten beizubringen, dazu hatte Werner weder Zeit noch Geduld. Also verbrachte sie fast jeden Sonntagnachmittag allein. Am Montagabend, nach der Arbeit,

las Werner den «Spiegel». Er informierte sich gerne über das Zeitgeschehen, daher hatte er zusätzlich noch das «Deutschlandmagazin» und «Die Welt» abonniert – er war ja so interessiert! Dienstagabend war Tennisabend, an dem Edith ebenfalls kein Interesse hatte – wegen der «unmöglichen» Leute dort. Donnerstagabend kam entweder der Schachclub zusammen oder Werner mußte sich mit Kunden treffen. Freitagabend hatte man «Gemeinschaft» vor dem Fernseher, den Werner Nüsse knabbernd von seinem Sessel aus per Fernbedienung steuerte. Und am Samstag mußte sich Werner natürlich auch ums Geschäft kümmern... Nach zehn Ehe-Monaten, die von immer heftiger werdenden Auseinandersetzungen gezeichnet waren, entschloß man sich schließlich zur Scheidung.

Wo der Wille zum Opfer fehlt, fehlt der Wille zu einer guten Ehe! Wer nicht auf persönliche Bedürfnisse verzichten will, sollte auf die Ehe verzichten! Wer also wissen möchte, ob er für eine gute Ehe geeignet ist, soll sich fragen, ob er lernen möchte, das Beste des *anderen* zu suchen, sich ihm zu verschenken. Ein liebender Mensch will nicht in erster Linie glücklich *werden*, sondern glücklich *machen*. Eine Ehe braucht Liebe, um funktionieren zu können. Das Unvermögen zu lieben und der Mangel an Opferwilligkeit sind die häufigsten Ursachen von Ehekrisen. Doch hier liegt auch die große Chance für jede Ehe; denn Liebe kann man lernen! Liebe ist mehr eine Willenssache als eine Gefühlssache.

Wir müssen unbedingt erkennen und akzeptieren, daß die meisten Märchen und Liebesromane nicht stimmen.

Die Liebes*wirklichkeit* sieht völlig anders aus. «Sie heirateten und waren glücklich bis an ihr Ende. Und wenn sie nicht gestorben sind, dann leben sie noch heute.» Liebes*wirklichkeit* ist kein «und sie leben glücklich bis an ihr Ende...» Da wirft nämlich der Prinz dem Aschenbrödel plötzlich ihre soziale Herkunft vor, und sie schreit zurück, so einen wie ihn hätte sie an jedem Finger zwei haben können. Und Dornröschen muß sich das Gejammer über die Kratzer vom Rosengestrüpp anhören. Und Schneewittchen leidet an Depressionen, weil ihr Mann ihre böse Stiefmutter um die Ecke gebracht hat.

Es ist äußerst wichtig, die Liebesgefühle eines Roman-Rendez-vous in eine Liebe der nüchternen Wirklichkeit zu verwandeln.

Lieben – auch ohne Gefühl?

Hans erklärte mir, daß er seiner Frau gegenüber absolut nichts mehr empfinde; «doch», meinte er nach einer Weile, «ich empfinde starke Abneigung!» Er war seit zwölf Jahren verheiratet. Auch Renate, seine Frau, teilte mir mit, daß sie ihren Mann nicht mehr liebe. «Woher wissen Sie, daß Sie ihn nicht mehr lieben?» fragte ich. «Weil ich nichts mehr für ihn empfinde, und das schon seit Jahren.»

Eine ausweglose Situation? Nein, ganz und gar nicht. Allerdings mußten Hans und Renate gründlich umdenken. Sie nahmen ihre Gefühle zum Maßstab für ihre Liebe, und da – wie wir bereits feststellten – Gefühle abflauen können, meinten die beiden, daß auch ihre Liebe automatisch aufhören würde. Als sie wieder lernten zu lieben, stellten sich nach einiger Zeit auch die ersten positiven Gefühle dem andern gegenüber wieder ein. Wie ist das möglich?

Liebe und Gefühl

Es ist eine der größten Lügen unserer Gesellschaft, wenn man behauptet, die Gefühle würden über die Realität Auskunft geben. Wer dies glaubt, wird in seinen zwischenmenschlichen Beziehungen unweigerlich in einer Sackgasse landen.

Nochmals: Liebe ist nicht Gefühl, sondern eine Haltung, die sich in Handlungen ausdrückt, und zwar indem man die wahren Bedürfnisse des andern (nicht seine Launen) zu erforschen und zu stillen sucht. Zu dieser Haltung (mit ihren Handlungen) komme ich u.a. aufgrund willentlicher Entscheidungen, nicht aufgrund drängender Empfindungen. Gefühle folgen dann auf die Handlungen!

Gefühle sollen Helfer, Diener sein, nicht aber Herren über unsere Handlungen. Wer sich nur von Gefühlen leiten läßt, wird von ihnen immer mehr abhängig und versklavt werden. Dieses Verhältnis zwischen praktisch lieben und Liebes-Gefühlen möchte ich an einem Beispiel etwas verdeutlichen, wobei ich mir bewußt bin, daß jeder Vergleich hinkt.

Vergleichen wir «lieben» einmal mit dem Autofahren. Zum Autofahren gehört zuerst eine willentliche Entscheidung: Ich setze mich hinters Steuerrad, drehe den Zündschlüssel, lege den Gang ein und fahre los. Zum Fahren gehören nun auch willentliche Handlungen: steuern, gasgeben, bremsen... Ich fahre also Auto, indem ich die dazu nötigen Handlungen willentlich ausführe. Für manchen ist das Autofahren aber erst dann interessant, wenn er beim Fahren in den Rückspiegel schauen und sehen kann, wie sich hinter ihm eine gewaltige Staubwolke bildet. Je mehr Gas er gibt, desto höher wirbelt der Staub auf. – «Herrlich», denkt er, «jetzt fahre ich erst richtig!»

Vergleichen wir die Staubwolke (Phenyläthylamin?) mit dem Liebes-Gefühl. Die Haltung und Handlung «lieben» (autofahren) gebiert also entsprechende Gefühle (Staubwolke). Das ist erfreulich.

Doch nun kommt das Entscheidende: Unser Autofahrer kommt bei seiner rasanten, staubaufwirbelnden Fahrt in einen Wolkenbruch; es gießt in Strömen, und siehe da – der Staub ist plötzlich weg! In solche «Wolkenbrüche» kommt jedes Ehepaar. Da fehlen plötzlich diese «Liebes-Gefühle»: das Zueinanderhingezogensein, Verliebtsein, Sehnsuchthaben oder Sichaneinanderfreuen.

Nun meinen manche Eheleute, sie würden sich nicht mehr lieben, wenn's nicht mehr «staubt». Doch genau so, wie unser Autofahrer über die nasse Straße ohne Staubwolke weiterfährt, ja weiterfahren muß, genauso ist es möglich, weiter zu lieben – auch ohne Gefühl!

Der größte Fehler, den unser Autofahrer begehen könnte, wäre anzuhalten, auszusteigen und nach der Staubwolke Ausschau zu halten.

Er mag Glück haben, die Straße kann trocknen, und die Staubwolke kann ihn wieder begleiten. Steht unser Autofahrer aber auf einem Stück geteerter Straße, so kann er dort warten, «bis die Kühe heimkommen» (wie man in der Schweiz sagt) – er wartet vergeblich, und er fährt (liebt) tatsächlich auch nicht mehr.

Diesen Fehler begehen viele Ehepaare. Das Gefühl ist weg, folglich hören sie auf zu lieben mit der Begründung: «Ich kann doch nicht das oder jenes tun, ohne dabei etwas zu empfinden...» und warten auf die «Staubwolke» (Liebes-Gefühl).

In der Regel ist es aber so: Je länger man wartet, desto schwerer fällt es, auf dem geteerten Straßenabschnitt weiterzufahren. Es bereitet Mühe, den Wagen wieder zu starten. Daher stehen manche Eheleute seit Jahren auf diesem staublosen Wegstück und kommen nicht mehr vorwärts.

Die Lösung heißt: weiterfahren – weiterlieben! Es kommt dann schon wieder ein Wegstück, auf dem es «staubt». Indem ich meinen Partner bewußt weiterliebe, ihm Gutes tue, das Beste für ihn im Auge habe, entzünden sich auch immer wieder Liebes-Gefühle. Jeder Mensch braucht Liebe und reagiert auch auf Liebe, die ihm entgegengebracht wird.

Unser Autofahrer mag nach einem anderen Ausweg suchen. Vielleicht sieht er plötzlich einen fremden Weg, eine fremde Straße, auf der er tatsächlich Staub entdeckt. Er bricht aus seinem Weg aus und fährt auf der fremden Straße weiter, auf der es dann auch tatsächlich wieder staubt.

So versuchen manche Ehepartner, aus ihrer Ehe auszubrechen, um bei einer anderen Person wieder «Gefühl» zu erleben. Selbstverständlich sind hier anfänglich wieder solche Verliebtheitsgefühle da, aber auch in der neuen Beziehung wird es immer wieder «Wolkenbrüche» geben mit dem Resultat, daß auch hier die Gefühle versiegen.

Aus der Ehe auszubrechen und «fremd zu gehen» ist keine Lösung.

Unser Autofahrer kommt nur dann ans Ziel, wenn er lernt, auch ohne Staubwolke auf seiner Straße weiterzufahren.

Jede partnerschaftliche Liebesbeziehung kann nur dann dynamisch und beständig bleiben, wenn die Ehepartner lernen, auch ohne Gefühl zu lieben, wenn sie bereit sind, stets neu in ihrem Ehe-Boot die Segel zu setzen – und dies auch dann, wenn sie gerade keine Lust dazu haben.

«Ich habe Angst, daß ich dann heuchle», wandte nach einem Vortrag eine ernsthafte junge Frau ein. «Kann ich tatsächlich sagen:

Ich liebe dich, ohne das entsprechende Gefühl?» Ja natürlich, man muß aber auch wirklich lieben – sich für diese Haltung und Handlungen willentlich entscheiden – dann kann man mit Recht und in Wahrheit behaupten: Ich liebe dich – obwohl im Augenblick die «Staubwolke», also das entsprechende Gefühl, fehlt.

Ich kann zu meiner Frau sagen: «Ich bin dir treu!» Warum kann ich das behaupten? Weil ich mich erstens willentlich dafür entschieden, also eine entsprechende Haltung eingenommen habe, und zweitens, weil ich in meinem Verhalten tatsächlich nicht untreu bin. Ob ich jetzt diese Treue augenblicklich auch so empfinde oder nicht, hat auf die Wirklichkeit des tatsächlichen Treuseins keinen Einfluß. So kann ich aufgrund meiner willentlichen Haltung und den entsprechenden Handlungen, indem ich die wahren Bedürfnisse des andern erforsche und sie zu befriedigen suche, auch sagen: «Ich liebe dich!» Meine augenblicklichen Gefühle haben aber auf diese praktizierte Wirklichkeit keinen Einfluß.

Genau bei diesem Punkt setzt auch die biblische Ehetherapie an. Sie lehrt die Eheleute zuerst zu lieben, auch ohne Gefühl – und die Eheleute sind meist selbst sichtlich erstaunt darüber, daß sich nach langer «trockener» Zeit wieder wohltuende Empfindungen einstellen, daß es wieder «staubt».

Biblische Ehetherapie lehnt daher alle anderen Lösungsversuche wie Selbstsuggestion, Psychoanalyse, Ehescheidung, Ehebruch, Sexualtherapie (die allerdings als natürliche Folge bei biblischer Therapie auftritt) oder – was oft empfohlen wird – das nur friedliche Nebeneinanderherleben (meist um der Kinder willen) ab.

Glücklich werden oder glücklich machen?

Schon jetzt, liebe Leser, wird uns klar: Ob eine Ehe gut und erfüllt wird, hängt von der Liebesbereitschaft jedes einzelnen ab.

Wer heiraten möchte, um geliebt und – vor allem – glücklich zu werden, wird *die* Enttäuschung seines Lebens erfahren! Wer aber von vornherein weiß, daß es darum geht, lieben zu lernen und glücklich zu machen, der wird auch in Spannungen und Konflikten Positives für seine Ehe sehen, wird tapfer sein und sich nicht in Launenhaftigkeit, Rücksichtslosigkeit oder Unbeherrschtheit abgleiten lassen.

Wie wichtig es ist, lieben zu lernen, sieht man schon daran, daß «die meisten Störungen in der Zweierbeziehung etwas zu tun haben mit dem Stehenbleiben auf der Stufe der Bedürfnisbefriedigung. Die eigenen Bedürfnisse sind entscheidend. Sie können nur sehr schwer aufgeschoben oder gar geopfert werden. Der andere ist nur ein Mittel zum Zwecke der Erfüllung der eigenen Bedürfnisse. Das kann in auffälliger Form ablaufen, etwa so, daß orgastische Erlebnisse gesucht werden, gleich mit welchem Partner, oder dann in sublimierter, schwer erkennbarer Form, etwa so, daß die Entfaltung der eigenen Persönlichkeit so sehr im

Vordergrund steht, daß der Partner diesem Ziel völlig untergeordnet wird» (Keintzel).

Gottes Liebe

Vielleicht erkennen Sie, liebe Leser, nun die Notwendigkeit des echten Liebens. Sie versuchen, diese Haltung einzunehmen und entsprechend zu handeln. Doch nun merken Sie plötzlich: Der Geist ist zwar willig..., aber es klappt nicht. Bei dem Versuch, echt zu lieben, wird man schwach und immer schwächer, müde und immer müder. Die eigene Kraftquelle ist sehr schnell erschöpft, und man fühlt sich buchstäblich ausgetrocknet.

Diese Erkenntnis ist notwendig, denn wir brauchen, um wirklich lieben zu können, eine andere Kraftquelle, eine Quelle echter Liebe, die über unser kleines Rinnsal hinausreicht. Diese Quelle findet man in Jesus Christus.

Wenn wir – um bei unserem grundsätzlichen Bild zu bleiben – die Segel setzen und uns bemühen, braucht es trotzdem noch etwas ganz Entscheidendes: den Wind! Dieser Wind ist mit der Liebe Gottes vergleichbar!

Gott, so sagt die Heilige Schrift, ist Liebe. Wer durch das Vertrauen auf Jesus Christus mit dieser Liebe in Verbindung gebracht wurde, braucht sich nicht mehr auf seine eigenen Kraftanstrengungen zu verlassen; er kann aus dem unbegrenzten Reservoir der Liebe Gottes schöpfen.

«Also hat Gott die Welt geliebt, daß er seinen eingeborenen Sohn gab, auf daß alle, die an ihn glauben, nicht verloren gehen, sondern ewiges Leben haben» (Joh. 3,16).

Jesus Christus liebt den Menschen so sehr, daß er sein Leben – auch für Sie ganz persönlich – gab. Stellen Sie sich diese gewaltige Tatsache einmal vor! Der allmächtige Gott hat Sie lieb! Er beweist dies durch eine klare Handlung: Jesus Christus nimmt die Strafe, die Sie und ich verdient hätten, auf sich, damit wir begnadigt werden können. So wertvoll ist jeder Mensch in Gottes Augen!

Ein Mensch, der auf diese Liebe Gottes persönlich eingegangen ist, weiß sich grundsätzlich geliebt, weiß sich in seinem tiefsten Menschsein angenommen und kann deshalb diese Liebe Christi (nicht ein Gefühl!) weitergeben – vor allem an seinen Ehepartner!

Gottes Vergebung

«So gibt es nun keine Verdammnis mehr für die, die in Christus Jesus sind» (Röm. 8,1).

Gottes Liebe kann nur fließen, wenn Vergebung da ist, wenn die Schuldfrage im Menschenleben geklärt ist. Daher ist der zweite, wichtige Gedanke die Tatsache der göttlichen Vergebung. Weil Jesus Christus die Strafe für alle Schuld bezahlt hat, ist «in *ihm*» – so schreibt der Apostel Paulus – Vergebung. Wer sich also *ihm* anvertraut, sich *ihm* ausliefert, sich *ihm* durch eine willentliche Entscheidung unterstellt, der darf diese vollbrachte Tat Jesu für sich persönlich in Anspruch nehmen. Seine ganze Sündenlast darf ein Mensch auf seinen Erlöser Jesus Christus werfen und dessen Vergebung dankbar in Anspruch nehmen.

Das ist grundlegend wichtig für eine Ehe. Ein Ehepartner, der persönlich die Vergebung in Jesus Christus empfangen und erfahren hat, kann auch seinem Ehegefährten Vergebung weitergeben. Eine Ehe muß auf der Grundlage der Vergebung stehen, um harmonisch funktionieren zu können!

Jeder von uns wird an seinem Ehepartner (doch fast täglich!) schuldig. Und diese Schuld baut Barrieren auf, Schranken zwischen ihm und ihr, Schranken auch zwischen Eltern und Kindern.

Wer nun für seine persönliche Schuld Vergebung erfahren hat, der vergibt auch dem andern – sogar ohne zu warten, bis sich der andere schuldig spricht und sich vielleicht entschuldigt. Nein, ein Christ teilt Vergebung aus! «Das ist nun zwar sehr bitter und unrecht», denkt der Christ, «doch im Namen Jesu (der mir selbst so völlig vergeben hat), vergebe auch ich meinem Gefährten dies und jenes und weigere mich, dieser Sache weiterhin nachzugrübeln!»

Ich erinnere mich noch, wie ich an einem hektischen Abend zu einem Vortrag eilte und von meiner Frau mit ein paar recht lieblosen Worten Abschied nahm. Beim Autofahren wurde mir eindrücklich klar, daß ich an meiner Frau schuldig geworden war. Dieser Umstand bedrückte mich sehr – und dies vor einem Vortrag über ein biblisches Thema! Meine Frau konnte ich telefonisch nicht mehr erreichen. Ich bat Gott um Vergebung und – was mir so hilfreich in unserer Ehe ist – ich wußte auch, daß mir meine Frau bereits vergeben hatte! Diese Gewißheit machte mich sehr dankbar und innerlich wieder froh.

Spät am Abend, als ich meine Frau wieder in die Arme schloß und mich für mein Verhalten entschuldigte, meinte sie: «Ich hoffe, du hast nicht vergessen, daß ich dir bereits vergeben habe!» «Ja», antwortete ich, «und eben diese Gewißheit hat mir heute abend besonders geholfen!»

Ziel unserer Ehe?

Welches Ufer wollen wir mit unserem Segelboot überhaupt ansteuern?

Was wollen wir mit einer Ehe überhaupt erreichen? Was ist unser Ziel? Wozu hat Gott überhaupt die Ehe geschaffen? Nur wer sein Ziel kennt, wird auch dort ankommen!

Zum Sinn und Ziel der Ehe sagt die Bibel, daß sie ein Abbild der Liebesbeziehung Gottes zum Menschen sei (vergl. Eph. 5,32). Wie Jesus Christus seine Gemeinde liebt, so soll auch der Mann seine Frau lieben. Eine christliche Ehe verweist daher auf den Schöpfer der Ehe und auf seine Liebe zu uns. In der Ehe soll die Liebe Gottes reflektiert und zeugnishaft ausgestrahlt werden.

Die Ehe potenziert die Ausstrahlung des einzelnen: Wer in seinem persönlichen Leben große Probleme hat, bei dem kommen diese Probleme nach der Heirat nicht nur doppelt so stark, sondern drei- und vierfach zum Ausdruck. Wer dagegen als Christ bereits vor der Ehe im Willen Gottes steht und durch sein Leben die Liebe und das Wesen Jesu Christi ausstrahlt, der wird erleben, wie diese Ausstrahlung sich in der christlichen Ehe nicht nur verdoppelt, sondern vervielfacht.

Darum ist das Hauptziel der Ehe: auf Gott hinzuweisen, seine Liebe zu reflektieren. Die Heilige Schrift sagt daher auch, daß die Ehe von Gott eingesetzt wurde und somit *ihm* gehört. Deshalb können wir die Ehe nicht einfach gebrauchen, wie es uns gefällt, oder mißbrauchen für unsere Zwecke. Wir sind vor Gott für unsere Ehe verantwortlich. Nicht vor Psychologen, der Verwandt-schaft, Kirchenfürsten, der Gesellschaft oder dem Staat, sondern allein vor Gott sind wir für unsere Ehe verantwortlich. Und vor ihm kann und brauche ich nichts zu verbergen. Er weiß ganz genau um meine Ehesituation! Er selbst hat ein großes Interesse an meiner Ehe.

Beständige Flaute

Sepp: erfolgreicher Geschäftsführer.

Seine Frau Hanni: hübsch, elegant, umgänglich.

Beide sind kerngesund, haben zwei nette Kinder, ein hübsches Einfamilienhaus in einem ruhigen Vorort von Zürich, Videorecorder und einen Zweitwagen, eine umfangreiche Garderobe und ein dickes Bankkonto.

Sepp kommt stets zeitig nach Hause. Dann wird mit den Kindern gespielt, am Abend gelesen oder ferngesehen; manchmal engagiert man auch ein Kindermädchen, so daß man ins Theater gehen oder Bekannte besuchen kann.

Trotz der Kinder kann man sich ferne Urlaubsorte aussuchen und hat eigentlich keinerlei Probleme. Sepp lebt für die Familie, man unternimmt alles gemeinsam, ist zueinander höflich und zuvorkommend – ein Leben, um das sie von vielen beneidet werden. – Hanni aber ist tief unglücklich! Ein so gutes Leben und doch unglücklich? Woran mag das liegen? Vordergründig könnte man als Ursache die psychische Spannungslosigkeit nennen, das ewige Einerlei, wo

nichts «passiert», wo immer die Sonne scheint. Es ist immer gleich warm, gleich hell, gleich lang, alles ist «Fläche», ohne Schluchten und Berggipfel.

Nun, sicherlich ist diese eintönige Spannungslosigkeit mit ihren bösen Früchten vorhanden. Doch diese Spannungslosigkeit entspringt einer tiefer liegenden Sinnlosigkeit!

Das Familienleben an sich kann nicht der eigentliche Sinn sein, denn auch dieses ist der Vergänglichkeit unterworfen.

Dadurch wird deutlich, daß die beiden das eigentlich Ziel der Ehe weder verstanden noch anvisiert hatten. Daher konnten sie ihre Segel nicht zielgerichtet setzen und ihr Ehe-Boot schaukelte sinnlos umher.

Lebenssinn

W. Busch schreibt dazu: «Nun, mein Freund, es gibt furchtbar viele oberflächliche und vorschnelle Antworten auf die Frage: Wozu lebe ich? Ich habe vor vielen Jahren einmal alle diese oberflächlichen und vorschnellen Antworten auf einen Schlag bekommen. Es war im Jahre 1936, also mitten im Hitler-Reich. Studenten aus Münster hatten mich gebeten, ich möchte mit ihnen sprechen über das Thema ‹Was ist der Sinn meines Lebens?› ... Da die Diskussion im Hitler-Reich stattfand, stand natürlich sofort einer auf und erklärte: ‹Ich bin für mein Volk da.› Darauf habe ich geantwortet: ‹Schön! Und wozu ist das Volk da?› Pause! Das wußte er auch nicht. Verstehen Sie: Die eigentliche

Frage war damit nicht beantwortet. Sie war lediglich zurückgeschoben. Da erklärte ein anderer: ‹Ich bin auf der Welt, um meine Pflicht zu tun!› ‹Mensch!› sagte ich, ‹das ist ja gerade der Witz: Was ist denn meine Pflicht? Ich halte es für meine Pflicht, Ihnen Gottes Wort zu sagen. Mathilde Ludendorff hält es für ihre Pflicht, Gott zu leugnen. Was ist denn Pflicht?›

Nun wurden die jungen Herren schon nachdenklicher. Dann stand einer auf und erklärte stolz: ‹Ich stamme aus einem alten Adelsgeschlecht. Meine Vorfahren kann ich um 16 Generationen zurückverfolgen. Eine große Ahnenreihe! Ist das nicht Lebensinhalt und Lebensaufgabe, diese Ahnenreihe gebührend fortzusetzen?› Da konnte ich nur antworten: ‹Mann! Wenn man nicht weiß, wozu die 16 Generationen gelebt haben, dann lohnt es sich doch auch nicht, eine siebzehnte dazuzusetzen!›

Ein anderer Student erklärte: ‹Sehen Sie: Ich will Arzt werden. Und wenn ich Menschenleben retten kann, ist das nicht ein schöner Lebensinhalt?› Da habe ich erwidert: ‹Gut! Aber wenn Sie nicht wissen, wozu der Mensch lebt, dann hat es doch gar keinen Sinn, das Menschenleben zu retten. Dann geben Sie den Menschen doch besser eine Spritze zum Sterben.› Verstehen Sie bitte recht: Erzählen Sie jetzt nicht, ich hätte gesagt, man solle den Leuten eine Spritze zum Sterben geben. Ich meinte: Das ist doch keine letzte Antwort auf unsere Frage nach dem Sinn des Lebens.

Sehen Sie: Wenn man das alles mal so durchgemacht hat, ich hab's ja nur angedeutet, dann kommt die Antwort, die ich damals in Münster von den Studenten auch bekam: ‹Das Leben hat überhaupt keinen tiefen Sinn. Es ist eine reine Zufälligkeit, daß ich geboren wurde. Es ist gar kein Sinn dahinter.›

Wer das denkt und ein schweres Leben hat, der ist in dem Moment sehr nahe am Selbstmord: ‹Wozu soll ich das Leben noch weiterführen? Wenn doch alles Zufall und Sinnlosigkeit ist, dann macht man doch besser Schluß!› Ich habe oft mit Leuten gesprochen, die mir klagten: ‹Das Leben ist so

sinnlos. Ich werf's weg – entweder in Vergnügen und Genießen oder in Selbstmord.› Dann habe ich gefragt: ‹Aber wenn's doch einen Sinn hätte?! Wenn es doch einen Sinn hätte – und Sie hätten gelebt, als wenn's keinen gehabt hätte!? Wie stünden Sie am Ende da?›

Es gibt in der Bibel ein Wort, das kann einem durch und durch gehen. Das heißt so: ‹Es ist dem Menschen gesetzt, einmal zu sterben, danach aber das Gericht Gottes.› Sehen Sie: Dieses Wort der Bibel muß man kennen, um ganz ernst zu fragen: Wozu lebe ich? Wir können doch nicht sterben und ins Gericht Gottes gehen, wenn wir den Sinn unseres Lebens verpaßt haben! Ist die Frage jetzt deutlich? Dann gehe ich jetzt einen Schritt weiter:

Wer kann denn Antwort geben?

Die Kirche? Nein! Der Pfarrer? Nein! Der ist in derselben Lage wie Sie. Die Professoren? Die Philosophen? Auch sie können uns keine Antwort auf unsere Frage geben. Nur ein einziger kann uns sagen, wozu wir leben: nämlich der, der uns ins Leben rief, der uns geschaffen hat – Gott!

Lassen Sie mich ein ganz dummes Beispiel gebrauchen: Eines Tages komme ich in eine Wohnung. Da sitzt da so ein richtiger Junge und bastelt mit Drähten und Lämpchen. Ich frage ihn: ‹Mann, was baust du denn da für eine Höllenmaschine? Was soll das werden?› Nun, er hat es mir erklärt, doch ich muß zugeben, daß ich es nicht verstanden habe. Aber ich habe denken müssen: Da kommt kein anderer Mensch drauf,

was das werden soll – bloß der, der's macht, kann sagen, was es werden soll und wozu es ist. So ist es auch mit unserem Leben: Nur der, der uns geschaffen hat, kann sagen, wozu er uns geschaffen hat! Gott muß es uns sagen! Wenn ich nicht bereits die Bibel lesen würde, dann müßte ich durch diese Frage an die Bibel gelangen. Ich hielte es nicht mehr aus, wenn ich nicht wüßte, wozu ich auf dieser verfluchten Welt bin. Ist Ihnen das Wort ‹verfluchte Welt› zu hart? Nun – es ist ein Wort der Bibel, das zeigt, daß diese Welt unter einem schrecklichen Fluch steht. Und ich könnte es nicht aushalten, darin zu leben, wenn ich nicht durch die Offenbarung Gottes Antwort bekäme.

Gott beantwortet uns die Frage nach dem Sinn des Lebens – in der Bibel. Und das ist ein Grund, warum die Bibel so wahnsinnig wichtig ist. Ich kenne Leute, die ganz erhaben sprechen: ‹Die Bibel lesen wir doch nicht!› Da kann ich nur antworten: ‹Ich kann's euch schriftlich geben, daß ihr noch nie ernsthaft nachgedacht habt über die Frage: Wozu lebe ich?!› Aber Dummheit ist eine weitverbreitete Krankheit – und wenn sie weh täte, dann wäre die Welt mit Geschrei erfüllt. Ich will Ihnen die Antwort der Bibel mit einem Satz sagen: Gott hat uns geschaffen, daß wir seine Kinder werden!

Wie ein Vater sich gern in seinem Sohn spiegelt, so schuf Gott den Menschen ‹ihn zum Bilde›. Gott will, daß wir seine Kinder werden, die mit ihm reden – und mit denen er reden kann, die ihn liebhaben – und die er liebt!» (aus: «Jesus unser Schicksal»)

Sich im Willen Gottes zu bewegen, das ist Glück! Das ist kein spannungsloses, glückseliges Gefühl, kein problemloses Dahinvegetieren auf einer sonnenbeschienenen Schmetterlingswiese (wie es sich manche törichterweise wünschen).

Ich möchte es laut hinausrufen, lieber
Ehemann, liebe Ehefrau: Sich im Willen
Gottes zu bewegen, das ist Glück! Das ist
das Höchste und Erhabenste in einem Menschenleben: wenn sich der Plan Gottes
durch mich realisieren, verwirklichen kann.

Und dazu gehören Höhen und Tiefen,
Schmerz und Leid, Stürme und Wogen. Und
das ist erfülltes Eheleben, wenn zwei Menschen diesen «steinigen Weg bergauf» gehen oder diese «Bootsfahrt» unter der Leitung Gottes unternehmen. Da hält man
stand, auch wenn dunkle Wolken die Sonne
verdecken, wenn es regnet und man bis auf
die Haut durchnäßt wird; man hält durch,
auch wenn's schmerzt, wenn's unsagbar
wehtut.

Und da erfährt man überraschend auch
den Segen dieses abenteuerlichen Chri-
stenlebens, wenn ein kaputter, verzweifel-
ter Mensch durch Jesus Christus von seinen
Süchten freikommt, wenn christliche Gemeinschaft und Gemeinde entsteht und für
viele Zeitgenossen zum großen Segen wird.

Aber auch wenn das lange Zeit kranke
Kind wieder zum ersten Mal kehlig lacht
oder der Mann atemlos mit einer freudigen
Nachricht die Treppe hochstürmt. Wenn
Gebetserhörungen erlebt und harte Nüsse
geknackt werden, wenn man durch bitter
und süß, kalt und heiß, dunkel und hell gegangen ist, zusammengeschmiedet wurde
und «überwunden» hat – da ist «Leben», da
bricht sich verborgene Herrlichkeit wie
eine aufblühende Knospe freie Bahn.

Die «Segel-Gemeinschaft»

«Segeln» kann man also lernen. Lieben auch. Wie beim Segeln muß man auch beim Lieben verschiedene Prinzipien und Fakten beachten.

So wollen wir nun näher auf diese «Segel-Gemeinschaft» eingehen, auf die verschiedenen Verantwortungsbereiche und Aufgaben der Ehepartner.

Der Ergänzungsgedanke

«Es ist nicht gut, daß der Mensch allein sei», sagte Gott und schuf dem Adam die Eva. Dieser Gedanke ist für jede Ehe wichtig: Gott gibt Ihnen einen Ehepartner, damit Sie *ergänzt* werden! Der Mensch wurde zu einem bestimmten Zweck geschaffen – zuerst im Hinblick auf Gott. Gott schuf den Menschen zur Gemeinschaft mit ihm. Er legte den Menschen auf sich hin an. Er und der Mensch sollten ein Ganzes bilden. Der von Gott unabhängige, Gott-lose Mensch bleibt daher existentiell unvollkommen. Es verbleibt, wie der bekannte Physiker Blaise Pascal sagte, ein inneres Vakuum. Dieses Vakuum, diese Leere, will Gott ausfüllen. Lehnt der Mensch dies ab, muß er sein Vakuum mit vielerlei Dingen ausfüllen. Er stürzt sich in Aktivitäten, sucht Ablenkung in Hobbys, klammert sich an materielle Werte oder sucht stets von neuem Erfüllung in Abenteuern – um am Ende feststellen zu müssen, daß die Leere geblieben ist und alles einem Haschen nach Wind gleichkommt.

Gott hat den Menschen auch zur Gemein-schaft mit anderen Menschen angelegt. Kinder, die man versuchte «steril» und ohne menschliche Gemeinschaft und Zuwendung aufzuziehen, starben. So ist die Ehe auch ein besonderes Bild dafür, daß wir in uns selbst nicht vollkommen, sondern zur Gemeinschaft hin geschaffen sind. Ledige Christen können daher ein ebenso erfülltes Leben erfahren, wenn sie lernen, in Gemeinschaft mit Gott und anderen Gläubigen zu leben.

Setzen Sie diesen Gedanken in Ihrer Ehe in die Praxis um: Ergänzen Sie Ihren Partner, statt seine Schwächen dauernd zu bemängeln!

Da es mir verhaßt ist, irgendwohin zu spät zu erscheinen, lege ich großen Wert auf Pünktlichkeit. Besonders am Sonntagmorgen. Da stehe ich dann pünktlich abmarschbereit an der Wohnungstür – und warte! Dem Töchterlein fehlt noch ein Schuh, der ihm irgendwo von den Füßen gefallen und nun nicht zu finden ist, und meine Frau ist noch im Bad beschäftigt. Meine Stimmung sinkt auf den Nullpunkt. «Könntet ihr nicht *einmal* pünktlich fertig sein!» hallt es durch die Wohnung im Brustton der Überzeugung, daß diese Ermahnung für meine Familie bitter notwendig ist. Man(n) eilt zum Auto, läßt demonstrativ beim Anfahren die Reifen durchdrehen, rast – wegen der Unpünktlichkeit des Familienanhangs – notwendigerweise um die Kurven, damit es den Mitfahrern auch körperlich recht deutlich wird, daß sie künftig pünktlicher sein müssen... Da kommt mir plötzlich der Gedanke, daß ich anscheinend durch solche Vorkommnisse Geduld lernen muß. Genau das fehlt mir, genau deshalb sind meine Lieben so unpünktlich: damit ich Geduld lerne. Also gut, ich verzeihe meiner Frau und nehme mir vor, mich in Geduld zu üben... Doch recht froh kann ich über diesen Gedanken nicht werden. Wie kann ich, so sinniere ich weiter, meiner Frau helfen, ihre Unpünktlichkeit zu überwinden? Zu gegebener Zeit wird das Thema angeschnitten: «Liebling, was kann ich tun, daß du lernst, rechtzeitig mit allem fertigzuwerden?» «Nun, erstens könntest du am Sonntagmorgen den Frühstückstisch decken», lautet die schlagfertige Antwort meiner Eheliebsten. Ich erschauere, da normalerweise auf «erstens» noch ein «zweitens» oder gar «drittens» folgt. Mein Scharfsinn ist unübertrefflich: «Zweitens könntest du, während ich der Kleinen beim Anziehen helfe, den Kaffee zubereiten, drittens beim Telefonklingeln selbst hingehen, statt mich zu schicken; auch wäre es eine Hilfe, wenn du deine Socken selbst holen würdest, statt zu rufen: ‹Ich habe keine Socken› und...»

Die Selbsterkenntnis wuchs!

Das Problem lag also nicht an der Unpünktlichkeit meiner Frau, sondern bei mir selbst! Ich hatte nicht bemerkt, daß meine Frau am Sonntagmorgen völlig überlastet ist; ich hatte sie *praktisch* nicht ergänzt, weil ich ihr bei der Bewältigung der vielen Aufgaben nicht half.

Jeder Partner bringt zahlreiche Fehler und Schwächen mit in die Ehe. Der eine ist vergeßlich, der andere kontaktscheu, der eine handelt unbesonnen oder legt zu großen Wert auf Etikette, der andere kapselt sich gerne ab. Da besteht die Gefahr der (mündlichen) Schießereien: «Du mußt endlich ... niemals sieht man bei dir...» «Kannst du denn nicht einmal...» «du hast schon wieder...» «immer machst du...» Stop! Die Schwächen und Fehler gehören zu Ihrem Ehepartner! Zuerst haben Sie den Auftrag, Ihren Ehegefährten durch *Ihr* Handeln zu ergänzen, nicht ihn vollkommen zu machen!

Hans ist ein sehr verschlossener Mensch. Er brachte es nie fertig, die Sorgen, die er im Beruf hatte, seiner Frau Hanne ausführlich mitzuteilen. Hanne litt oft unter seiner Verstimmung und bedrängte ihn dauernd mit ihren Fragen: «Warum verschweigst du mir etwas? Weshalb bist du nicht offen zu mir? Warum sagst du nicht, was los ist?» Die ständige Fragerei bewirkte genau das Gegenteil: Hans zog sich noch mehr in sich zurück und reagierte unwirsch. Als Hanne lernte, das Nach-innen-Gerichtetsein ihres Mannes zu akzeptieren und sie sich selbst mitteilte (nicht einfach von sich schwatzte), schuf sie dadurch eine Atmosphäre, in der auch Hans die Gedanken, die ihn beschäftigten, preisgeben konnte. Immer wieder fanden sie nun bei offenen Gesprächen, bei denen man sich auch hinterfragen und (liebevoll) kritisieren ließ, gemeinsame Lösungen.

Denken Sie also daran: Sie sind Ihrem Ehepartner zur Ergänzung gegeben, nicht zur Belehrung oder als Erzieher. Und das in den vielfältigen Situationen des Lebens, in denen man miteinander schaffen und sich freuen, aneinander wachsen und reifen, miteinander Geduld haben und sich ergänzen kann. In Freud und Leid, in Gesundheit und Krankheit, in Nähe und Ferne, in Jugend und Alter; in Höhen und Tiefen des täglichen Lebens dürfen wir lernen, daß die Ehe nicht als Umerziehungsanstalt, sondern als gegenseitige Ergänzung gedacht ist. Ehe soll nicht Beginn der Einsamkeit zu zweit sein oder zum Grab der persönlichen Freiheit werden, sondern zum höchsten Vertrauensverhältnis zwischen Mann und Frau.

Der Einheits-Gedanke

«Also sind sie nicht mehr zwei, sondern ein Fleisch» (Matth. 19,6).

«Ebenso sind auch die Männer verpflichtet, ihre Frauen wie ihre eigenen Leiber zu lieben. Wer seine Frau liebt, liebt sich selbst» (Eph. 5,28).

Vor einiger Zeit war ich Gast eines gläubigen Professors bei Köln. Seine Frau kochte ein ausgezeichnetes Mittagessen, das der liebevolle Gatte sehr lobte. «Oh, das sollte ich eigentlich nicht tun, das ist ja Eigenlob», meinte er plötzlich mit humorvollem Augenzwinkern, «meine Frau und ich sind nämlich völlig eins!»

Diese wichtige Erkenntnis findet man leider sehr selten bei Eheleuten. Gott sagt, daß die Ehe eine Einheit ist, daß Mann und Frau eins sind. Deshalb sollen wir Männer

unsere Frauen lieben und pflegen wie unseren eigenen Leib; denn wie ich eins mit meinem Körper bin, so bin ich auch eins mit meiner Frau. Ich muß essen und schlafen, muß meinen Körper pflegen, damit ich – als ganze Person – funktionstüchtig bleibe. Vernachlässige ich meinen Körper, indem ich beispielsweise nichts mehr trinke, so werde ich bald flachliegen, und meine ganze Persönlichkeit wird in Mitleidenschaft gezogen sein, so daß ich meiner Arbeit nicht mehr nachgehen und meine Aufgaben nicht mehr erfüllen kann.

Wer seine Frau vernachlässigt, versündigt sich an der Ehe-Körperschaft und wird den Auftrag, den Gott mit der Ehe Mann und Frau gegeben hat, nicht mehr erfüllen können.

«Das sind aber egoistische Gedanken», mag jemand einwenden, «ich liebe meine Frau einzig und allein um ihrer selbst willen und nicht, um damit einem persönlichen Bedürfnis nachzukommen.» Schön und gut, tun Sie's nur so! Aber passen Sie auf, daß Ihre Liebe nicht den Beigeschmack einer gönnerhaften, kalten Distanz bekommt. Die Bibel ist hier sehr realistisch und praktisch: Ein Mann ist von seinem Körper abhängig und wird daher auch gut für ihn sorgen. Wenn der Mann nun ebenso für seine Frau sorgt, weil er aufgrund der ehelichen Einheit ja auch von ihr abhängig ist, so ist das keine ichbezogene Schwäche, sondern ein dankbares Akzeptieren der eigenen Bedürftigkeit. Außerdem will ich ja die mir von Gott gegebenen Aufgaben besser erfüllen

können; darum muß ich essen, darum muß ich auch meine Frau pflegen, damit die Ehe Ausstrahlungskraft hat und erfolgreich ist.

Jede Ehefrau braucht einen Ehemann, der sie zutiefst versteht, der «mit Vernunft bei ihr wohnt» (1. Petr. 3,7); d.h. gemäß seinem «Wissen», was bedeutet, daß der Mann *lernen* muß, seine Frau zu verstehen und Rücksicht zu nehmen auf ihre besondere Beschaffenheit – seelisch und körperlich.

Genauso braucht auch jeder Ehemann eine Ehefrau, die sich um tiefstes Verständnis bemüht, die ebenfalls Rücksicht nimmt, allerdings mehr auf die einem Mann eher eigene Ego-Schwäche.

Dadurch entwickelt sich ein immer tieferes Einheits-Erleben. Die Eheleute wissen, daß sie sich aufeinander verlassen können, weil jeder Partner verantwortungsbewußt lebt. Man hält – auch im sexuellen Bereich – stets das Glück und die Freude des Ehegatten im Auge. Man sitzt in einem Boot, was die gemeinsamen Grundlagen, Ziele und auch die praktischen Belange betrifft wie Finanzen, Kindererziehung etc. So wird ein Ehepartner niemals den andern vor den Kindern (oder anderen Dritten) heruntersetzen oder beschuldigen.

Die Bedürfnisse der Frau

«In Demut achte einer den andern höher als sich selbst, indem jeder nicht nur das Seine ins Auge faßt, sondern auch das des andern» (Phil. 2, 3b + 4).

Diese Verse lassen deutlich erahnen, wie eine glückliche eheliche Beziehung funktioniert: Der Ehepartner achtet den andern und fragt nach dessen Bedürfnissen. Das heißt *praktisch lieben:* Ich fasse die Bedürfnisse des andern ins Auge. Ich forsche danach, will diese Bedürfnisse kennenlernen, verstehen lernen und ... befriedigen.

Die Bibel weist unmißverständlich darauf hin, daß es primär die Aufgabe des Mannes ist, die Bedürfnisse seiner Frau zu stillen. Dazu ist ein Mann aber nur dann in der Lage, wenn er die Bedürfnisse seiner Frau auch kennt!

Erinnern Sie sich noch daran, in welch schwieriger Lage Sie sich befanden, als das Kleine in seinem Stubenwagen schrie und schrie und nicht mehr aufhören wollte? Sie konnten nichts dagegen unternehmen, weil Sie die Bedürfnisse des lauthals schreienden Babys nicht kannten. Daher riefen Sie einen Kinderarzt und hofften, daß Ihnen die Erfahrung und das Wissen des Fachmannes Auskunft über die unerklärlichen Bedürfnisse des Kindes geben würden. Erst als Sie *wußten,* was dem Kind fehlte, konnten Sie seine Bedürfnisse stillen.

Mit anderen Worten: Die wichtigste Aufgabe des Mannes ist es, die Bedürfnisse seiner Frau zu entdecken! Obwohl diese von Person zu Person verschieden sind, gibt uns der fachmännische Rat der Bibel Auskunft über die grundsätzlichen Bedürfnisse der Frau.

Wir Männer sollten uns nicht von dem verbreiteten James-Bond-Mythos täuschen lassen; denn nicht derjenige ist ein guter Liebhaber, der möglichst viele eros-umwitterte Partnerinnen sexuell befriedigen kann – das kann (in seinem Bereich) jeder Hund. «Ein erfolgreicher Liebhaber ist ein Mann, der die wirklichen Bedürfnisse einer einzigen Frau ein Leben lang zu stillen vermag.»

Daß ich bereits zwischen sexuellen und wirklichen Bedürfnissen unterschieden habe, macht deutlich, daß die eigentlichen Bedürfnisse der Frau weniger den sexuellen Bereich betreffen (wobei dieser dadurch weder ausgeklammert noch abgewertet wird), sondern den seelischen, den psychischen Bereich. Viele Männer haben davon so viel Ahnung wie ein Mondkalb vom Schlittschuhlaufen. (Nichts für ungut, meine Herren!)

Ein Beispiel: Nach getaner Büroarbeit kommt der werte Gatte nach Hause, schlingt das verdiente Abendessen hinunter, trinkt das verdiente Bierchen dazu, gibt (vielleicht) der Hausfrau ein Küßchen als Dankeschön, zieht sich zur verdienten Entspannung in den gemütlichen Fernsehsessel oder zur spannenden Lektüre zurück, macht den Kindern klar, daß er jetzt seine Ruhe haben möchte und vertieft sich in die Abenteuer des britischen Geheimagenten «099». Währenddessen räumt die Gattin den Tisch ab, spült das Geschirr, zieht die Kinder aus, hilft beim Waschen und Zähneputzen, rennt zum Telefon, schlichtet einen Streit der Kleinen, muß vor dem Zubettbringen verschiedene Einfälle (mit zeitlich hinauszögernder Wirkung) der Kinder abwehren, erzählt eine Gute-Nacht-Geschichte, läßt das Badewasser ab, räumt die Kleider auf, putzt die Badewanne, füttert die Goldfische, gießt die Blumen, näht einen Hemdenknopf an, repariert einen kaputten Reißverschluß, stolpert über die Schuhe ihres Gatten, macht sich selbst zum Schlafengehen fertig und sinkt schließlich todmüde ins Bett.

Inzwischen hat der Gatte die kühle Entschlossenheit von Agent «099» bewundert, seinen Mut und sein rasches Reaktionsvermögen begrüßt und sich schließlich mit dem überlegenen, dezent scherzenden Wesen von «099» identifiziert. Voller Genugtuung über das erfolgreich bestandene Abenteuer leert der «099»-Gatte noch einen Cognac, schreitet mit männlicher Eleganz federnden Schrittes zum Schlafzimmer und wirft seiner Gattin mit zurückhaltendem Humor ein «Na, was läuft heute abend?» zu. Als nur ein schwaches «Was läuft?» zurückkommt, ist «099» mit seiner Weisheit am Ende.

Gott gemeinsam erleben

Die wahren Bedürfnisse Ihrer Ehefrau sind zuerst einmal geistlicher Art. Sie möchte mit Ihnen zusammen eine christliche Ehe führen, gemeinsam mit Ihnen den «Herrn Ihrer Ehe» – Gott – erleben.

Daher ist es eine Aufgabe von höchster Priorität, daß Sie, als gläubiger Ehemann, dafür sorgen, daß Sie zusammen mit Ihrer Frau (zusätzlich zu Ihrer ganz persönlichen Gemeinschaft mit Gott) mit Jesus Christus reden (beten) und hören, was er zu sagen hat (das Wort Gottes lesen). Wieviel Segen darf ein christliches Ehepaar doch durch dieses gemeinsame Beten und Bibellesen, mit anschließendem Gedankenaustausch, doch erfahren!

Hier können auch anstehende Konflikte anhand der Bibel gelöst werden; hier können neue gemeinsame und zielgerichtete Aktivitäten geplant werden; hier kann stets auch der eigene Standpunkt überprüft und korrigiert werden.

Bestätigung

Es ist mehr als nur eine Geste, wenn ein Mann seiner Frau jeden Morgen einen Abschiedskuß gibt, bevor er zur Arbeit geht.

Jeder Mensch braucht Bestätigung! Auch Ihre Frau muß sich geschätzt und bestätigt wissen. Kein Mensch verkraftet es, überflüssig zu sein. Heutzutage ist es für eine Frau, die als Hausfrau tätig ist, besonders schwierig, sich wertvoll zu fühlen. Schaltet sie am Nachmittag das Radio ein, wird ihr (wenn auch durch die Blume) gesagt, daß eine «Nur»-Hausfrau automatisch verblöde; schaut sie am Abend fern, wird ihr das freie Leben einer Frau im Berufsleben nahegebracht; liest sie eine Illustrierte, muß sie erfahren, wie erbärmlich ein Leben zwischen

Kochtopf, Kindern und Ehemann sei. Und wenn schließlich noch der holde Gatte am Abend heimkommt und in einem entsprechenden Ton «Wo bleibt das Essen?!» ruft, als wollte er sagen: «Was hast du denn den ganzen Tag getan?» – dann möchte ich wissen, wie sich eine Frau da noch wertvoll fühlen kann!

Der Mann trägt seinen Teil dazu bei, wenn er seinen Beruf wichtiger nimmt als seine Familie. Ein Mann, der zuerst seinem Beruf lebt (egal ob er Maurer, Vertreter, Sozialarbeiter oder Prediger ist), gibt damit zu verstehen, daß die Familie und die damit verbundenen Aufgaben unwichtig und minderwertig sind. Wen wundert's also, wenn Frauen über ihre empfundene Minderwertigkeit (durch die Prioritätenliste ihres Mannes vermittelt) in Depressionen fallen?! Wen wundert's, daß sie auch dort sein wollen, wo die «wichtigen Dinge» des Lebens ablaufen?!

Dabei gibt es nachweislich keinen Ersatz für die liebevolle Zuwendung einer Mutter zu ihren Kindern; fürs «Zeithaben» für die Kleinen; für die mütterliche Anleitung in der frühkindlichen Entwicklungsphase und für die Atmosphäre der Ordnung und Geborgenheit eines echten Heimes! Welche Tätigkeit ist denn auch nur annähernd so bedeutungsvoll wie das Prägen und Formen eines menschlichen Wesens?!

Soll Ihre Ehe Ausstrahlungskraft haben, und wollen Sie Ihre Frau glücklich sehen, dann müssen Sie, lieber Ehegatte, dafür sorgen, daß Ihre Frau sich des Wertes und der Bedeutung ihrer hausfraulichen Aufgabe bewußt wird! Wie kann der Mann seine Frau bestätigen?

Anerkennung

Ihre Frau ist ein von Gott einmalig geschaffenes Wesen mit besonderen Gaben und Talenten. Anerkennen Sie diese Talente und *sagen* Sie dies auch mit Worten! Machen Sie Ihre Augen auf und interessieren Sie sich wieder bewußt für all das Positive und Schöne, das die Persönlichkeit ihrer Frau ausmacht. Es ist leider so, daß wir Dinge, an die wir uns gewöhnt haben, die «alltäglich» wurden, nicht mehr bewußt wahrnehmen. Darum ist es immer wieder notwendig, daß wir unsere Aufmerksamkeit bewußt auf das «Gewöhnliche» richten.

Auch beim Ehepartner kann uns vieles alltäglich oder gewöhnlich werden. Das sollte man aber nicht zulassen. Indem Sie Ihr ungeteiltes Interesse auf das Alltägliche richten, werden Sie wieder zahlreiche verborgene Schönheiten und Kostbarkeiten entdecken – die Sie nicht nur selbst dankbar zur Kenntnis nehmen, sondern für die Sie Ihrer Frau die entsprechende Anerkennung zollen sollten! Bei manchen ist aber der Heiratsantrag das größte und meist auch letzte Kompliment, das ein Mann seiner Frau macht. Ein ehrliches Kompliment aber ist Balsam für den fraulichen Wunsch nach Bestätigung.

Stellen Sie sich vor, Sie wären Architekt. Nach Ihrem mühevoll erarbeiteten Plan wurde ein einmalig hübsches, praktisches und günstiges Einfamilienhaus gebaut. Bald zieht auch der Bauherr mit seiner Familie dort ein und genießt zufrieden ein behagliches Wohnen. Doch nie vernehmen Sie von irgend jemandem auch nur ein Sterbenswörtchen der Anerkennung für Ihre architektonische Leistung. Wie würde dies auf Sie wirken?

Wohl genauso, wie es auf die Hausfrau wirkt, wenn sie sich bemüht, jeden Mittag ein schmackhaftes Essen aufzutischen – und die zufriedenen Esser bringen es nicht über die Lippen, der Köchin ihre Anerkennung auszusprechen. Bald wird sie vom Wert ihrer Arbeit genausowenig überzeugt sein wie der Chirurg, nach dessen Opera-

tionen stets nur Leichen übrig bleiben. Bei den anderen hausfraulichen Tätigkeiten sieht es aber auch nicht besser aus: oder handelt sich Ihre Frau durch ihren Ordnungssinn Lorbeeren ein? («Wer hat nun wieder die Zeitung vom letzten Samstag weggeräumt?») Oder erntet sie Beifall für ihre Putztätigkeit? Lob fürs Wäschewaschen? Anerkennung fürs Flicken? Bewunderung für verständnisvolle Gespräche mit den Sprößlingen? Es müssen schrecklich viele Ehefrauen mit erschütternd wenig Bestätigung für ihre Arbeit leben!

Wie sprechen Sie überhaupt mit Ihrer Frau? Sind Sie dabei positiv oder negativ eingestellt? Beachten Sie auch die Tatsache, daß Sie automatisch ein «negatives Gespräch» führen, wenn Sie – statt eines anerkennenden Kompliments – überhaupt nichts sagen! Wie wir bereits gesehen haben, können Sie aufrichtig und ehrlich Komplimente machen, auch wenn Ihre Gefühle Sie nicht dazu drängen!

Oftmals muß man sich gefühlsmäßig dazu überwinden, Anerkennung auszusprechen, positiv zu sein oder die Bedürfnisse seiner Frau in Erfahrung zu bringen. Doch je mehr man sich darin übt, desto leichter wird es einem fallen. Wie gesagt: Liebe kann man lernen.

Noch einige praktische Punkte, wodurch ein Mann seine Frau bestätigen kann.

Aufmerksamkeit

Egon konnte als Verkaufschef ein neues,

selbstentwickeltes Modell für den Außendienst einführen. Dafür arbeitete er sieben
Tage in der Woche. Dabei verpaßte er den
elften Hochzeitstag, und der Haussegen
hing schief.

«Wie kann sie nur so kleinlich sein!» rief
Egon kopfschüttelnd. «Ich habe gearbeitet
und geschuftet, und meine Frau kann sich
dadurch alles leisten – einen Zweitwagen,
ein Dutzend Haushalt-Extras; sie kann in
Ihrer Garderobe immer mit der Mode gehen, nie braucht sie zu sparen. Und jetzt diese Empfindlichkeit...»

Was Egon nicht erkannt hat: Seine Frau
würde auf all die Extras verzichten, wenn
sie die liebevolle Aufmerksamkeit ihres
Mannes empfangen würde. Textilien und
Maschinen sind kein Ersatz für Liebe! Während Egon die ganze Woche dafür arbeitet,
Selbstbestätigung im Beruf zu finden, vernachlässigt er dadurch in sträflicher Weise
die gleichen Bedürfnisse nach Bestätigung
bei seiner Frau.

Wann haben Sie Ihrer Frau das letzte Mal
einen Liebesbrief geschrieben? Oh, ich
weiß, wir tun uns schwer, so etwas Romanti-
sches zu tun. Unser Vorbild des starken
Mannes verlangt nach einem harten, stolzen
und eher gefühlskalten Auftreten und hat
keinen Platz für «Gefühlsduseleien». Werfen
Sie ein solches Vorbild ruhig über Bord und
bedenken Sie, daß es ein Ausdruck wahrer
Liebe ist, die seelischen Bedürfnisse seiner
Frau zu erkennen und zu befriedigen! Es
geht keineswegs darum, ob *Sie* von einem
Blumenstrauß entzückt sind, sondern ob

Lieben heißt: die wahren Bedürfnisse des andern zu erforschen und zu stillen suchen!

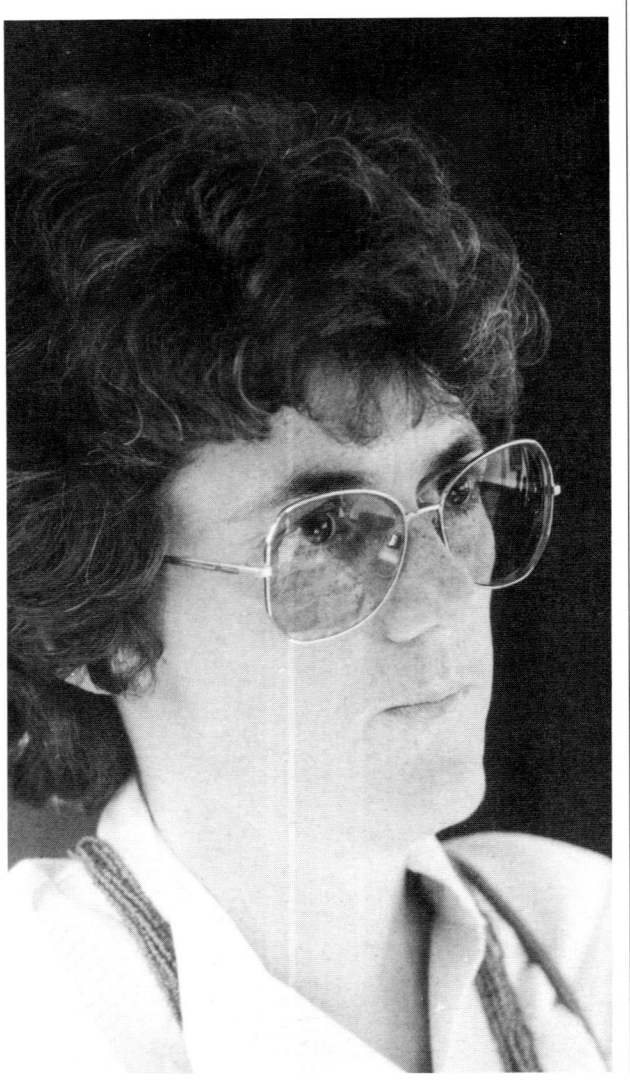

Ein gewöhnlicher Liebesbrief

Verwundert glaube ich, Deine Nähe zu spüren. Du zu Hause, ich hier, einige Kilometer Luftlinie dazwischen. Und doch meine ich, Du seist in mich eingepflanzt. Irgendwo in meinem Innern. Nicht nur als Erinnerung oder gesetzlich festgelegter Partner. Nein, als wesentlicher Teil von mir selbst. Manchmal erschrecke ich darüber, wie oberflächlich ich lebe. Ich rechne damit, Dich nach Feierabend stets daheim anzutreffen. Erwarte es als selbstverständlich, daß Du nachts neben mir liegst. Finde es alltäglich, Deine Fürsorge, Deine liebenden Gesten und Worte zu erleben. Ich Dummkopf! Erst wenn ich innehalte und nachdenke, werde ich dankbar. Dankbar dafür, daß wir zusammengehören. Für immer. Eine unzertrennliche Symbiose, Verbindung, Verschmelzung. So freue ich mich umso mehr, daß ich mich damals willentlich für Dich entschieden habe. Es war eine bewußte Entscheidung, nicht ein «Hineinschlittern». Die absolute Entscheidung nicht nur für friedliche Stunden, angenehme Zeiten, Stunden mit Verliebtheitsgefühlen; sondern auch zum Sich-verschenken, zum Opfer, Geben, Mittragen. Warum zeig ich's nur so wenig? Warum glaub ich oft, Liebe sei vor allem Gefühl? Es ist schön, daß Liebe viel mehr, viel tiefer, ja was anderes ist. Darum will ich's Dir ins Ohr flüstern. Voller Überzeugung und nicht das letzte Mal: Ich hab' Dich lieb!

Dein ...

sich Ihre Frau über diese Aufmerksamkeit von Ihnen freut und sich dadurch bestätigt fühlt!

Wenn Ihre Ehefrau Zärtlichkeit mag, warum geben Sie Ihr dann so wenig? Wenn Sie das Wohl Ihrer Ehefrau im Auge haben, werden Sie mit Ihren Aufmerksamkeiten nicht mehr so knauserig sein, vor allem mit den kleinen Aufmerksamkeiten, die einer Frau große Ermutigung und Bestätigung sind: eine herzliche Umarmung, ein zärtliches Wort, ein liebevoller Kuß... Das tun Sie? Schön, aber wie oft?

Überschütten Sie Ihre Frau immer und immer wieder mit kleinen Aufmerksamkeiten und geben Sie Ihr auch einen Kuß während Sie gerade bügelt oder erfreuen Sie sie mit einem liebevollen Wort gerade so beim Vorübergehen.

«...und erweiset ihnen (euren Ehefrauen) Ehre...» weist uns Petrus in seinem 1. Brief (Kap. 3,7) an.

Haben wir unserer Ehefrau einen Ehrenplatz eingeräumt? Weiß sie, daß wir sie ehren und sie kostbar für uns ist? Es ist unbedingt nötig, daß wir unserer Ehefrau dies

auch sagen: manchmal mit Worten, manchmal mit einem kleinen liebevollen Geschenk oder mit Blumen, mit ihrer Lieblingsmahlzeit in einem Restaurant oder einem Ferienwochenende.

Gerade in diesem Punkt sollte der Mann erkennen, daß er die Aufgabe hat, auch für Abwechslung für seine Frau zu sorgen. Im Berufsleben erlebt der Mann oft viel Abwechslung, und gerade wenn jemand beruflich viel unterwegs ist, möchte er vielleicht seinen Urlaub «in den eigenen vier Wänden» verbringen, was aber für die Frau alles andere als Urlaub, Erholung, Entspannung und Abwechslung bringen würde.

Bestätigen Sie Ihre Frau immer wieder durch kleine Aufmerksamkeiten!

Zeit

Für alles, was uns wertvoll erscheint, nehmen wir uns Zeit. Zeit finden werden wir nie, wir müssen sie uns schon nehmen. Für Dinge, die uns nicht interessieren, nehmen wir uns auch keine Zeit. Sie werden mich nie an einer Ausstellung moderner Grafik sehen. Warum? Weil mich dies überhaupt nicht interessiert. Deshalb nehme ich mir auch keine Zeit dafür. Anderseits habe ich noch nie einen verliebten jungen Menschen erlebt, der einen soeben erhaltenen Liebesbrief ungelesen mit der Begründung beiseite gelegt hat, er hätte keine Zeit. Was einem wichtig ist, dafür *nimmt* man sich Zeit!

Tragen Sie also in Ihren Terminkalender vor allem die gemeinsame Zeit für die Familie ein – als wichtigen, unabänderlichen Termin! Meistens steht im Terminkalender: «Treffen mit Kollege Müller», «Geburtstagsfeier von Willi», «Sauna», «Geschäftsbesprechung», «Tischtennis-Training» usw. Falls noch weiße Flecken im Terminkalender übrigbleiben, wird man da schon noch Zeit für die Familie finden. Ist es Ihnen noch nicht aufgefallen, daß Sie diese Zeit tatsächlich nicht finden, sondern daß Sie sich diese Zeit bewußt nehmen müssen – auch auf Kosten eines Kollegentreffens oder des Saunabesuchs? Ist die Familie weniger wichtig als ein Tennis-Match? Zeigen Sie Ihre Wertschätzung für Ihre Frau, indem Sie sich Zeit für sie nehmen.

Karl sah diese Notwendigkeit ein. Deshalb plante er an einem Abend ein gemeinsames Essen im Restaurant. Dagegen wäre ja nichts zu sagen. Doch hastete Karl mit seiner Frau schon zum Lokal, als wäre King Kong hinter ihm her. Alle fünf Minuten warf er dann einen verstohlenen Blick auf die Uhr, weil er die Fernsehsendung um 21.15 Uhr nicht verpassen wollte. Während des Essens überdachte er nochmals die peinliche Unterredung mit dem Chef, und beim Nachtisch fragte er seine Frau, ob sie nicht mit etwas weniger Haushaltsgeld auskommen könnte. Die Woche darauf verzichtete seine Frau auf einen «gemeinsamen Abend» im Restaurant...

Hilfestellung

Eine Frau braucht Hilfestellung in ihren Nöten. Wer recht für seinen Leib sorgt, wird nicht nur auf verschiedene Wünsche achthaben, sondern auch auf verschiedene Schmerzen. Wer bei sich eine Halsentzündung feststellt, wird normalerweise Lutschtabletten nehmen oder mit entsprechenden Flüssigkeiten gurgeln – also Hilfestellung geben, damit der Körper mit der Entzündung besser fertigwerden kann. So soll der Mann auch seiner Frau helfen, damit sie ihre Nöte besser überwinden kann.

Wie können solche Nöte aussehen?

Erschöpfung

Tausende von Frauen leiden an den Folgen von Stress und Überbelastung. Und gerade weil man dem Beruf «Hausfrau und Mutter» so wenig Verständnis entgegenbringt, findet man bei Frauen sehr häufig das Phänomen der *Erschöpfung* durch Stress und Überbelastung.

Ich kann mich noch gut an einen Abend erinnern, an dem ich bei einer Familie mit drei Kindern eingeladen war. Beim Abendessen kam die Mutter selbst kaum dazu, einen Bissen zu essen. Da fehlte in der Milch noch etwas Kakao, dort fiel ein Löffel zu Boden (natürlich voller Brei), die Kleinste begann mit einem Gebrüll, weil irgend etwas nicht schmeckte, der Größere wollte unbedingt dem Papa etwas Aufregendes vom Nachmittag erzählen, und dieser bemühte sich, mir seine beruflichen Qualitäten als Fotograf in allen Details zu schildern. Das einzige, was mich zu diesem Zeitpunkt aber interessierte, war die Frage: Wie hält diese Frau das nur aus?! Und diese Frage stellen sich heutzutage viele Hausfrauen (statt der Ehemänner).

Wenn nun aber ein Mann seine Frau liebt (lieben will!), wird er zuerst einmal den Zustand seiner Frau bemerken und nicht einfach darüber hinweggehen. Und das ist für die Frau schon sehr viel wert!

Zusammen sollte man sich dann Fragen stellen wie: «Welche Arbeiten können der Frau abgenommen werden?» (z.T. durch den Mann oder gar stundenweise durch eine Haushaltshilfe). «Wo nimmt sich die Frau zu viel vor?» «Wird es ihr ermöglicht, auch eine bestimmte Zeit der Entspannung für sich selbst zu haben?»

Achten Sie als Ehemann vor allem auch auf den Gesundheitszustand Ihrer Frau. Auch eine Mutter sollte bei Fieber das Bett hüten und sich nicht als «Steh-auf-Männchen» betätigen, das bekanntlich auf jeglichen «Schubs» nur die eine Reaktion des schnellen Aufstehens kennt.

Oder findet man in Ihrer Ehe folgende Entwicklung:

1. Jahr: «Ach, mein liebes Herzchen, du hüstelst ja; ich werde sofort den Arzt anrufen, damit er vorbeikommt und dir etwas verschreibt. Ich hole gleich noch ein paar herrliche Süßigkeiten, die du nach der bitteren Medizin knabbern kannst, mein Goldschatz!»

3. Jahr: «Hast du 'ne Grippe, Liebling? Wenn's nicht besser wird, solltest du mal zum Arzt gehen. Überhaupt empfehle ich dir, nach dem Geschirrabwaschen eine

Aspirintablette zu nehmen und zu schwitzen.»

5. Jahr: «Statt herumzusitzen und zu bellen wie ein alter Wachhund solltest du was unternehmen! Hatte dir ja gleich gesagt, daß du dich wärmer anziehen sollst! Und hör auf, hier zu niesen, oder willst du mich auch noch anstecken?»

Sie sollen Ihre Frau nicht verhätscheln, doch sich um sie sorgen und ihr, wenn immer möglich, helfen; und es ist absolut nicht hilfreich, wenn ein Mann sagt: «Ach, Liebling, du mußt heute kein Geschirr abwaschen – laß' es stehen bis morgen!»...

Seelische Nöte

Die Nöte der Frau können aber auch *seelischer Natur* sein. Und gerade deswegen übersehen viele Ehemänner ganz bewußt diesen Kummer; denn der starke Supermann hat ja immer eine glasklare Antwort auf jedes Problem, er steht ja haushoch über jedem Wehwehchen. Und wenn der starke Mann dann ahnt, daß er gegebenenfalls gar keine Antwort auf die seelische Not seiner Frau hat, wird das ganze Problem geflissentlich übergangen!

Echte Liebe heißt bereit sein, sich mit der Not des anderen zu beschäftigen! Die Probleme meiner Frau sind auch meine Probleme. Ihr Kummer ist auch mein Kummer, und daher soll ich mir Zeit nehmen, um mich mit der konkreten seelischen Not meiner Frau zu beschäftigen (auch wenn ich keine Lust dazu habe). Nur dieses gemeinsame Suchen nach Antwort, was der Frau an sich

schon eine große Hilfe ist, ermöglicht auch das gemeinsame Lösen einer Schwierigkeit, läßt mich als Mann auch an der Freude des Überwindens einer Not teilhaben.

«Ich verstehe sie ja doch nicht», mag oft ein Einwand sein. Oder auch: «Er versteht mich ja sowieso nicht.» Gerade deshalb braucht es Zeit zum Gespräch, um sich zu erklären, aufzuschließen, um sich mitzuteilen, damit ein Verstehen möglich wird.

Ein Schüler, der die Funktion des Dreisatzes nicht versteht, muß sich Zeit nehmen, um das Problem überdenken und die Zusammenhänge erkennen zu können. Er wäre schlecht beraten, wenn er das Problem einfach links liegen ließe und sich dem nächsten Thema zuwenden würde. Er würde von der Mathematik immer weniger verstehen. Ein Mann, der nicht bereit ist, die seelischen Nöte seiner Frau verstehen zu lernen und sich damit zu beschäftigen, wird auch seine Frau immer weniger verstehen.

Schon seit ein paar Tagen merkte Oliver, daß seine Frau etwas bedrückte. Auf seine Frage «Hast du was?» antwortete sie ausweichend. Zuerst beruhigte er sich damit, daß schwangere Frauen ja oft «komisch» seien. Schließlich aber nahm er sie eines Abends doch liebevoll in den Arm und sagte: «Agnes, ich merke, daß dich etwas bedrückt. Bitte sag mir, was es ist. Ich möchte dir helfen, damit du wieder froh wirst.» Als Agnes die Bereitschaft und das teilnehmende Verständnis ihres Mannes verspürte, gestand sie ihm – etwas stockend zwar und nach Worten suchend: «Oliver, ich bin im

siebten Monat schwanger, und ich habe Angst, dir nicht mehr zu gefallen. Ich finde, daß ich unmöglich aussehe und fürchte, daß dir das Probleme bereitet.» Endlich war es gesagt. Oliver konnte seiner Frau erklären, daß er sich ja mit ihr auf das Kind freue und daß es ihm fern läge, diesen «dicken Bauch» unansehnlich zu finden. Er hätte da keinerlei Probleme...

Olivers Worte waren Balsam für die seelische Wunde seiner Frau. Er konnte sie beruhigen und ermutigen. Agnes war froh und dankbar dafür.

«Am Abend kann ich das Gejammer über die Kinder nicht mehr hören. So schlimm kann's doch nicht sein mit den Bengeln», meinte ein Bankkaufmann, als er über die allabendlichen Klagen seiner Frau sprach. Er mußte bald erkennen, daß seine unterlassene Hilfeleistung punkto Kindererziehung ein wesentlicher Auslöser für diese Klagen darstellte. Erst als er bereit war, sich bewußt für die Geschehnisse des Tages zu interessieren und mit seiner Frau zusammen Probleme der Kindererziehung durchzusprechen, hörte auch das «Gejammer» auf.

Zuneigung

Erotische Liebe

Eine Frau möchte begehrt werden – um ihrer selbst willen; möchte Geliebte sein, ohne Vorbehalte. Solange sich Ihre Frau als Ihre Geliebte weiß, wird sie ermutigt und beflügelt sein, an Ihrer Seite zu stehen.

Zeigen Sie Ihrer Frau, daß sie nicht Ihre Haushälterin, Ihr Kindermädchen, Ihr Buchhalter oder Ihr Bettgefährte ist, sondern Ihre Geliebte! Investieren Sie noch vor der körperlichen Liebe Ihre erotische Liebe durch Zärtlichkeit und Anerkennung. Ihre Frau freut sich darüber, von Ihnen als ganze Person begehrt zu werden!

In manchem Haus arbeitet eine Frau in Küche und Zimmern, verbissen und enttäuscht oder gleichgültig und frustriert, und in stillen Nächten könnte der Mann ein verhaltenes Weinen hören (wenn er wach oder überhaupt anwesend wäre). Es handelt sich um eine Frau, deren Welt zusammengestürzt ist, weil sie nicht mehr die Geliebte ihres Mannes ist, sondern nur noch Befriedigungsinstrument und Arbeitskraft. Sie fühlt sich wie eine Geige mit gerissenen Saiten, ein harmonischer, frischer Ton ist nicht mehr möglich. Die erotische Liebe wurde ihr genommen. Jeder Mann sollte sich der Tragik dieser Unterlassung bewußt werden.

Körperliche Liebe

Wenn man heute von einem erfolgreichen Ehemann spricht, denkt man vor allem an seine sexuellen Fähigkeiten. Das ist aber genauso falsch, wie wenn ich den Erfolg eines Arztes daran messen würde, wie viele Tabletten er verabreicht. Es gibt ein Zuviel und ein Zuwenig an Tabletten, es gibt Tabletten, die völlig fehl am Platze sind und solche, die ohne helfende Wirkung bleiben. Es braucht also gute Tabletten, die im Gesamtzusammenhang der Behandlung richtig eingesetzt werden.

So ist es auch mit der ehelichen Sexualität. Sie muß eingehüllt sein in eine Atmosphäre der Liebe, Treue und Verantwortung. Wer die seelischen Bedürfnisse seiner Frau nicht befriedigt, dessen sexuelle Liebe ist wertlos. Es ist, wie wenn sich eine Mutter weder um ihr Kind kümmern noch mit ihm sprechen würde – ihm allerdings jeden Mittag einen Teller mit dem Lieblingsessen vorsetzt. Das ist keine Liebe. Anderseits gehört zur ehelichen Liebe unbedingt die Sexualität. Dabei ist es erstaunlich, daß es nach dem Bibelwort aus 1. Kor. 7,3 + 4 nicht zuerst um mein eigenes Vergnügen geht, sondern um die Freude meines Ehegefährten! Eheliche Sexualität heißt daher Sich-Hingeben, erfreuen und beglücken wollen! Und in diesem Sich-Schenken erfährt man dann selbst tiefe Befriedigung.

Für eine erfüllte körperliche Beziehung ist daher die Atmosphäre äußerst wichtig! Ist Ihnen, als Ehemann, schon klargeworden, daß Sie die Verantwortung für diese Atmosphäre tragen? Sie erstreckt sich aber weit über das Schlafzimmer hinaus! Die Frau, die sich in einer Atmosphäre der Liebe und Fürsorge eingehüllt wissen möchte, wird diese Erfüllung nicht erleben, wenn der Mann beim Abendessen «grantig» war oder seine Frau schuften ließ, während er dreiviertel des Abends vor dem Fernseher saß. Bleibt Ihre Frau unerfüllt, so prüfen Sie doch einmal, ob Sie die richtige Atmosphäre schufen, auf der eine erfüllte sexuelle Begegnung basiert. Gerade im sexuellen Beisammensein ist genügend Zeit wichtig, damit Ihre Frau nicht das Gefühl hat, mißbraucht zu werden. Sagen Sie Ihrer Frau, was Sie schön und anziehend an ihr finden. – Vielleicht lesen Sie einmal das Hohelied in der Bibel und entdecken die Bedürfnisse Ihrer Frau auch auf diesem Gebiet.

Denken Sie daran: Mit Biologie allein, mit der Kenntnis sexueller Funktionen, können Sie niemals ein erfülltes eheliches Geschlechtsleben gestalten!

(Vergl. auch das Kapitel über die geschlechtliche Liebe)

Dankbarkeit

Dankbarkeit ist mehr als ein Kompliment fürs gute Essen. Der Dankende zeigt, daß er vom Gebenden in gewisser Hinsicht abhängig ist, daß er den Gebenden braucht. Die Stellung als Empfangender, Beschenkter, will daher mancher Mann tunlichst meiden. «Ist das nicht unmännlich?» fragt er sich, weil ihm das Bild vom erfolgreichen «Allroundman» eher paßt: Ein solcher beschenkt, hilft, gibt und pocht einzig und allein auf einige Rechte wie seine Ruhe und Freiheit – bittet jedoch niemals seine Frau um Hilfe.

«Wer für seinen Leib sorgt, sorgt für sich selbst.» Indem der Ehemann liebt, wird er beschenkt. Die Frau «gibt sich hin», die Frau sorgt für ihren Mann und schenkt ihm ihren Teil zur seelischen Einheit. Der Mann sollte dies dankbar annehmen und in der Ehe nicht nur zynisch von «der besseren Hälfte»

sprechen, sondern sich auch als Halbheit – zu seiner Frau hin geschaffen – sehen und annehmen.

Nichts zerstört die Einheit so sehr wie der Stolz! Der Stolz, der es nicht zulassen will, auch zum Empfangenden, zum Beschenkten zu werden. «Danke, daß du meine Mängel ausfüllst, danke, daß du mich liebst und mir so viel gibst...» – dieser Dank kommt selten über stolze Lippen.

«Ein Heiratsantrag ist das größte und meist auch letzte Kompliment, das mancher Mann seiner Frau macht.»

Führungsaufgaben des Mannes

«Ihr Männer, liebet eure Frauen, gleichwie Christus auch die Gemeinde geliebt und sich selbst für sie hingegeben hat» (Eph. 5,25).

Paulus spricht hier besonders die Männer an. Und wir müssen zugeben, daß wir besonders versucht sind, *gegen* dieses Wort aus Eph. 5 zu handeln, nämlich zuerst unsere eigenen Wünsche zu sehen und unsere Frau selbstsüchtig zu «brauchen».

Der Mann kann seine Führungsrolle mißbrauchen, indem er sie dazu benutzt, um seine eigenen Wünsche durchzusetzen. Natürlich gibt es Momente, in denen eine Entscheidung getroffen werden muß, die Widerstand oder Unzufriedenheit hervorrufen kann. Die Frage aber ist: Gebrauche ich meine Autorität zum Wohle meines Partners?

Die Aufgabe, die Führung zu übernehmen, birgt die Verpflichtung in sich, dies verantwortungsvoll und umsichtig zu tun, sich zu orientieren, ob man auch den rechten Weg einschlägt. Der Pilot einer Boeing, der die Führung von Hunderten von Fluggästen übernommen hat, braucht zu seiner Orientierung die Bordinstrumente, seinen Funker und andere Helfer an Bord.

Ein Ehemann braucht für seine Führungsaufgabe ebenfalls «Bordinstrumente», also verbindliche Maßstäbe (= Bibel) und andere Helfer, die er fragen kann. Und hier ist ihm vor allem sein «Segelgefährte», seine Ehefrau, zur Seite gestellt. Das Recht, die Richtung zu bestimmen und verbindliche Entscheidungen zu treffen, verpflichtet natürlich auch, zum richtigen Zeitpunkt zu starten, zu landen und Kurskorrekturen durchzuführen. Fehlentscheidungen aufgrund mangelnder Orientierung (was in der Praxis oft ein unterlassenes Gespräch mit der Ehefrau bedeutet) dürfen nicht einfach verharmlost werden!

Diener sein

Wie Jesus Christus seine Autoritätsstellung zum Wohle seiner Gemeinde eingenommen hat und dabei zum Diener (vergl. «Fußwaschung» in Joh. 13) wurde, so soll auch der Mann seine Führungsrolle zum Wohl der Familie ausüben und dabei erkennen, daß er gleichzeitig auch Diener zu sein hat.

Sich identisch erklären

Jesus Christus hat sich mit seiner Gemeinde identisch erklärt! Und ich als Ehemann? Identifiziere ich mich auch völlig mit meiner Frau? Mit ihren Kämpfen, Schmerzen, Ängsten und ihrem Kummer, Erfolg und Leid, mit ihren glücklichen und traurigen Erlebnissen, ihrem Versagen und ihren Leistungen?

Beiwohnen

«Und ihr Männer, wohnet mit Vernunft bei dem weiblichen Teil...» (1. Petr. 3,7).

Ein Grundsatz, den Petrus mit besonderem Nachdruck seinen Geschlechtsgenossen nahelegt, lautet, daß der Mann bei seiner Frau «wohnen» soll. Daß damit nicht nur eine Wohngemeinschaft, in der man sich Küche, Wohn- und Schlafzimmer teilt, gemeint ist, dürfte klar sein.

Wohnen heißt hier: mitleben, miteinander teilen, aufeinander eingespielt sein, tiefes Zusammensein.

Wie oft entwickelt sich eine Ehe zu einer Arbeits- und Versorgungsgemeinschaft mit klar getrennten «Abteilungen». Er kümmert sich um den Verdienst, sie um die Einkäufe; er um den «Außendienst», sie um die Kindererziehung... Das ist kein erfülltes Eheleben! Der Mann hat nach dem Worte Gottes die Verpflichtung, auch die häuslichen Bereiche mitzuleben und mitzuerleben, indem er die damit anfallenden Fragen mit seiner Frau bespricht und bewegt.

Wie bequem machen es sich doch manche Männer, die einfach sämtliche Entscheidungen und Fragen der Erziehung oder der Hauswirtschaft der Frau überlassen. Es ist ja auch viel angenehmer, sich mit Dingen wie Geschäftsbesprechungen, Gemeindetreffen, «außerfamiliären» Gesprächen zu beschäftigen, die einem Bestätigung und Anerkennung vermitteln, als sich zusammen mit seiner Frau um die oft mühevollen Probleme von Erziehung und Hauswirtschaft zu kümmern. Probleme, die oft sehr klein erscheinen, aber umso zäher und aufreibender sind.

Paulus sagt aber eindeutig, daß ein vorbildlicher Christ «seinem eigenen Hause wohl vorstehen» soll (1. Tim. 3,4)!

Liebe Ehemänner, kämpft also gegen eure Gleichgültigkeit und Passivität im Bezug auf häusliche und familiäre Bereiche!

Die «tödliche» Gefahr der männlichen Rollen

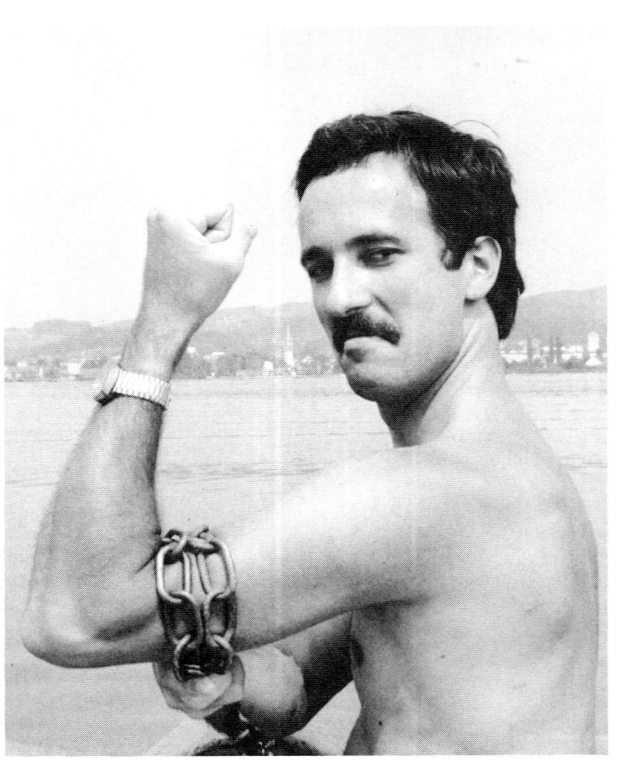

«Männer, liebet eure Frauen, gleichwie Christus die Gemeinde geliebt...» (Eph.5,25).

Als Männer haben wir alle ein gemeinsames Problem: Wir sind unfähig, die Forderungen, die sich einem liebenden Ehemann stellen, zu erfüllen; jawohl, wir sind völlig unfähig! Das zu erkennen ist eine Sache der Aufrichtigkeit. Viele «Ehekollegen» haben diese Tatsache wohl noch nicht bemerkt (oder nicht bemerken wollen). Daher müssen wir mal offen darüber reden.

Wenn sich der Sohn eines meiner Bekannten am Abend noch eine Flasche Limonade aus dem dunklen Keller holt, reagiert er auf seine Unsicherheit und Ängstlichkeit, indem er entweder lauthals singt (so laut, daß man meinen könnte, er wolle den Mäusen einen Gehörschaden zufügen) oder ein lustiges Liedchen pfeift.

Genauso reagieren Männer auf ihre Unfähigkeit zu lieben. Der Mangel wird überspielt oder verdrängt. Sie schlagen mit der Faust auf den Tisch, um klar zu machen, wer hier der Herr im Hause sei.

Manche versuchen, ihre Unfähigkeit mit «Witz» zu überspielen, nach dem Motto: «Meine Frau ist jetzt vierzig, am liebsten möchte ich sie umtauschen – gegen zwei zu zwanzig.» Wie witzlos die einzelnen Reaktionen auch sein mögen: man findet *Rollen*, schauspielerische Rollen, in die man hineinschlüpfen und sich verbergen kann.

Der General

Der General-Typ versucht, seine Unfähigkeit durch straffe Organisation zu kompensieren. Es wird nicht lange diskutiert, es wird gehorcht! Ein Mann – ein Befehl! Alles hat nach seiner Pfeife zu tanzen. Die Frau sieht er als sein Eigentum, seinen Besitz an. Seine Interessen haben sich verschoben. Es heißt nun nicht mehr: «Wo sind deine Augen? ... wo dein hübscher Mund?», sondern: «Wo sind meine Pantoffeln?»

Es wäre unter seiner Würde, einmal in der Küche zu helfen oder die Windeln des Babys zu wechseln. Er informiert, was am Wochenende getan wird, welchen Wagen man anschafft, welche Bilder an die Wand gehängt werden. Er kennt im Kreise der Familie nur Rechte: das Recht auf Essen, das Recht auf Ruhe, das Recht aufs Schlafzimmer.

Die Frau hat als Dienerin zu fungieren. Er schmückt sich gern mit «Orden» seiner Leistungen, die meist weit zurückliegen. Ist der General religiös, versteckt er seine Unfähigkeit als Ehemann hinter dem (aus dem Zusammenhang gerissenen) Bibelwort: «Die Frauen seien ihren Männern untertan» (Eph. 5,22). Die zahlreichen anderen Bibelstellen, die die Verantwortung des Mannes gegenüber ihrer Frau aufzeigen, kennen sie nicht oder überlesen sie geflissentlich.

Peter, ein «General»-Typus, duldet keine Kritik. Seine Hausordnung heißt: §1: der Vater hat immer recht; §2: sollte der Vater einmal nicht recht haben, so tritt automatisch §1 in Kraft.

Als ihm seine Frau einmal Andeutungen machte, sie leide unter diesen Verhältnis-

sen, brachte er sie mit vorwurfsvollem Blick und zusammengepreßten Lippen zum Schweigen. Auch den Kindern gegenüber nimmt Peter diese Haltung ein. Mit seinem älteren Sohn gibt es fast unüberwindbare Konflikte, denn seine, Peters, Meinung gilt als Evangelium. Seine politische Anschauung, sein konfessionelles Urteil – alles wird mit lauter, strenger, keinen Widerspruch duldender Stimme vertreten.

Leuten gegenüber, die ihm «Honig um den Mund» schmieren, die ihn in seiner Meinung bestätigen, ist er dagegen sehr zugänglich. Sein Urteil wird nach dem Maß gefällt: Wer meine Meinung teilt, der hat recht, der andere hat unrecht.

Nie hören seine Kinder, daß er seiner Frau zärtliche Komplimente macht; denn Pe-

ter, der General, kennt nur eine Gefolgschaft, die zu gehorchen hat. Natürlich versorgt er seine Familie großzügig, das ist er ja seinem Rang schuldig; ein herzliches Dankeschön (im Gegensatz zum höflich-formellen) ist genauso selten wie ein Pferdeapfel auf der Autobahn.

Peter und seine Frau leben nur noch nebeneinander her – die Ehe ist krank, todkrank.

Ein «General» sollte grundsätzlich bedenken: Je mehr er diese Rolle spielt, desto mehr wird sie ihm zur zweiten Natur.

Das humanistisch geprägte «Mannsein» beinhaltet schon im Kern diese GeneralsVersuchung!

F. Schaeffer schreibt über Michelangelos bekanntes Kunstwerk «David» (1504):

«Als Kunstwerk kommen der Statue ‹David› nur wenige andere gleich. Michelangelo nahm ein Stück Marmor, das so rissig war, daß niemand es für möglich hielt, daß es gebraucht werden könne, und daraus machte er diese überwältigende Statue. Aber dieser David war nicht der jüdische David der Bibel. Michelangelos David war einfach ein Titel. Michelangelo war mit dem Judentum vertraut, und in der Statue ist die Figur nicht beschnitten. Wir sollen hier nicht an den biblischen David denken, sondern an das humanistische Ideal: Der Mensch ist großartig!

Michelangelos David war das Abbild dessen, was der humanistische Mensch morgen sein würde. An dieser Statue sehen wir, wie der Mensch vertrauensvoll seine eigene Stärke in der Zukunft erwartet. Selbst die überproportionale Größe seiner Hände bedeutet, daß der Mensch mächtig ist. Diese Statue porträtiert Idealismus und Romantizismus. Es gab und gibt keinen Menschen wie Michelangelos David. Wenn ein Mädchen sich in diese Statue verlieben sollte und wartete, bis ihr ein solcher Mann begegnete, dann würde sie niemals heiraten. Hier stand der Humanismus in seinem ganzen Stolz, dargestellt durch Michelangelos David.» (factum 5/80)

Dieses Bild prägt auch heute noch den Mann, der sich in seinem Schaffensdrang nicht aufhalten läßt, seinen Eroberungszug durch die Welt vorwärtstreibt und über Leichen geht.

Wer nur seine «Männlichkeit» füttert wird zum Ekel und zum Tyrannen. Natürlich, wer seine Männlichkeit gar nicht erkennt, wird zum Trottel und Pantoffelhelden. Die Lösung liegt in einer «erlösten Männlichkeit», eines Mannseins unter dem Haupt Christi, wie wir später noch darauf zu sprechen kommen werden.

Der Pascha

Der Pascha-Typ gleicht dem «General», indem er seine Frau nur als Dienerin sieht. Jedoch ist der Pascha mehr von Disziplinlosigkeit und Unbeherrschtheit gezeichnet. Männer, die sich tief in den Klauen des Egoismus befinden, legen sich gerne die Pascha-Rolle zu. Alle Gedanken und Wünsche gehen vom geliebten Ego aus und

dorthin zurück. Man kennt nur noch seine Bedürfnisse, Erwartungen, Forderungen und Ansprüche.

Den gesteigerten Pascha-Egoismus empfindet man fast schon als obszön: Wenn man einen Ehemann beobachtet, der sich, gleich eines Seeräubers, die besten Stücke aus der Schüssel angelt, bevor Frau oder Kinder auch nur etwas abbekommen. Nie sieht man ihn der Frau und den Kindern zuerst die Gläser füllen, dafür aber schiebt er seinen leeren Teller von sich, damit er mehr Platz hat. Abräumen liegt ihm nicht.

Nachdem er am Morgen aus dem Hause gegangen ist, liegt der Schlafanzug verstreut am Boden, die Zahnpastatube (sofern sich der Pascha überhaupt die Zähne putzt) ist offen, der Rasierapparat nicht weggeräumt. Am Abend braucht der Pascha seine Ruhe. Die Frau hat die Pflicht, die Kinder still zu halten, zu beschäftigen, keinesfalls aber den Pascha darauf hinzuweisen, daß sich die Kleinen über ein Spiel mit dem Vater oder eine Geschichte von ihm freuen würden.

Auch in der geschlechtlichen Liebe ist der Pascha zu bequem, um der Frau mit Phantasie eine liebevolle Atmosphäre zu schaffen: keine Musik, kein Kerzenlicht, keine lieben Worte – vielleicht selbst nicht einmal rasiert und frisch gewaschen. Auch hier kennt der Pascha nur Forderungen und Ansprüche. Wichtig ist ihm *seine* sexuelle Befriedigung, und *seine* Art und Weise der Geschlechtsgemeinschaft (hier müßte man wirklich besser von Geschlechts*verkehr* sprechen). Er ist weder bereit – aus verantwortlicher Geburtenkontrolle heraus – auf Gesetze der natürlichen Geburtenregelung zu achten, noch selbst ein Verhütungsmittel (z.B. ein Präservativ) anzuwenden. Soll die Frau doch sehen, wie sie zurechtkommt. Und wenn jedes Jahr ein Kind geboren wird, so ist dies halt Gottes Wille! In der urchristlichen Gemeinde wäre solch ein Ehemann sicherlich unter Gemeindezucht gestellt worden!

Marx Omlis, der junge Bauer, ist von der Arbeit oben auf dem Berg zurückgekommen. Und nun spielt sich daheim – so erzählt es Federer in seinem «Pilatus» – diese Szene ab:

«Marx kehrte zufrieden, aber todmüde in die Stube zurück und warf sich aufs Sofa. Diesen Augenblick hatte Agnes (seine Frau) erspäht. Ihr schlugen die Zähne vor Fieber und Kälte zusammen (sie war guter Hoffnung). Aber sie wehrte sich und wusch dem Gatten die naßkalten Füße in einem warmen Bad. Oh, wie wohl tat ihr selber dieses lauwarme Wasser. Sie rieb seine langen, sehnigen, festen Herrenfüße; trocknete sie und vergrub sie mit beiden Händen in ihren Schoß. Inzwischen klopfte Marx seine beliebten Sprüche, die ganz sinnlos und überflüssig in die selbstbewußte Mahnung ausklingen: ‹Mehr Vertrauen zu mir, Weib!› ... Inzwischen ließ sich der starke Vertrauensheld von der kranken Frau wie von einer Leibeigenen die Füße wärmen und die Sohlen reiben.»

Kurz darauf wird sie ohnmächtig, gewinnt die Besinnung wieder, fängt an, sich zu entschuldigen und den Mann zu beruhigen.

«Eine überaus peinliche Szene für jeden anständigen Mann! Man schämt sich für diesen Bauer; diesen ... Aber steckt nicht in jedem Mann ein Stück Marx Omlis? Etwas von einem Pascha Effendi, vom Übermut des ‹Herrn der Schöpfung›, der herrschen, sich bedienen, sich die Füße waschen lassen will? Und das für ganz richtig und selbstverständlich hält: weil er doch Mann, der Mann sei?

Es gibt noch eine andere Szene von der Fußwaschung. Es ist schon lange her und war damals im Saal des Abendmahls. Mann, Herr, König, Gott – und wäscht diesen Fischersknechten, armen Proleten, die Füße! (Joh. 13).

Seit dieser Stunde hat der Begriff von männlicher Würde, von Herrenrecht und von Dienen und Befehlen einen andern Sinn bekommen: Mann sein, Herr im Hause sein, heißt jetzt der Letzte und der Unterste sein, heißt dienen, für andere da sein, für andere arbeiten und für sie leben.

Auch in der Ehe. Und hier vor allem! Der Mann herrscht, beherrscht die Frau, indem er ihr ‹die Füße wäscht›; statt sich bedienen zu lassen – dient; statt den Herrn zu spielen – Knecht ist, der Knecht aller ist, ganz freiwillig und ohne jeden Zwang. Er kann es. Denn er ist ein Mächtiger, ein Großer; ist ein Herr. Darum ist selbst das Dienen für ihn Ehre und Schönheit; ist Kraft und Würde. Dadurch unterscheidet er sich vom Knecht und vom Schwächling.

Er ist nicht mehr ängstlich darauf bedacht, daß diese Würde von ihr gebührend respektiert werde: daß er immer zuerst ‹drankommt›, von allem das Beste und Meiste erhält; daß er den bequemsten Platz und die schönste Tasse habe; daß für ihn noch etwas Besonderes zurückgelegt wird, von dem die andern nichts erhalten haben. Er scheut sich vor keiner Arbeit im Hause, auch wenn sie noch so ‹unmännlich› ist, und stellt seine Person bescheiden in den Hintergrund. Kennt nur einen Ehrgeiz und nur einen Ruhm: *mehr* zu schaffen als alle andern; weniger zu bedürfen als alle andern; keine Rücksicht zu verlangen für sich und alle Rücksicht zu nehmen auf die andern. Denn er ist ja *Mann!* Mann, das ist für ihn: Zucht haben, Kraft haben, Verpflichtung haben. Und eine große Liebe haben. Eine Liebe, die sich verzehrt im Opfer für die Seinen.

Die Frau ist gesegnet, die diesen Mann lieben darf. Lieben? Das heißt doch nichts anderes als alle Kräfte einzusetzen, um der Größere, der Bessere, der Gebende und so der Begehrenswerte zu sein und es zu bleiben. Dadurch entsteht ein neuer Kampf zwischen Mann und Frau in der Ehe. Kampf, der keine Wunden schlägt und nicht bitter und verbissen macht; der nicht entzweit, sondern verbindet, so sehr verbindet, daß man selbst nur noch der bessere Teil des andern sein möchte – in sich selbst zu verwirklichen und darzustellen trachtet –, was dem andern noch nicht ganz gelungen ist.

Hier werden die letzten Höhen einer erfüllten Ehe sichtbar, die zu ersteigen nur möglich sind, wenn einer tollkühnen Mut und männliche Kraft besitzt. Und das Merkwürdigste ist: sobald einer sie besitzt, läßt es dem andern keine Ruhe; er muß das auch haben, muß das auch können, muß auch hinauf – ganz bis oben» (H. Wirtz).

Der Geheimagent

Der Geheimagent ist schweigsam und unnahbar. Mit anderen kann er sehr tiefe Gespräche führen, nicht aber mit seiner Frau. Sie könnte ihm ja die Geheimnisse seiner Unfähigkeit entlocken; daher reagiert er schon auf kleine Andeutungen mit Groll und Schweigen. Er will den Schein erwecken, daß so manch Großartiges in ihm

steck, doch es bleibt – verständlicherweise – geheim.

Nie darf sich der Geheimagent hilfsbedürftig zeigen, sein schwaches Selbstbild könnte dies nicht ertragen. Deshalb flieht er auch vor Entscheidungen. Er weigert sich, seine Frau zu führen, um nicht das Risiko einer Fehlentscheidung einzugehen. «Was soll ich nur mit der Kleinen machen, wenn sie sich so unmöglich verhält?» fragt die Frau. Selten wird sie von ihrem Geheimagenten eine klare, deutliche Antwort bekommen, denn wenn er nichts sagt, sagt er wenigstens nichts Falsches!

Wir alle kennen diesen Geheimagenten-Typ. Ironisch schmunzelnd, wenn man auf ein persönliches Thema zu sprechen kommt; sarkastisch antwortend, wenn seine

Frau über ihre partnerschaftlichen Empfindungen reden will. Er, der Geheimagent, läßt nicht in sich hineinschauen! Seine Geheimnisse gibt er nicht preis! Die Sorgen seiner Frau kann er sich wohl geduldig anhören, doch meistens schweigt er dann dazu oder gibt eine allgemeine, theoretische Antwort.

Eigenen Kummer behält er genauso für sich (er fühlt sich als Gefühls-Märtyrer zum wortlosen Dulden berufen) wie seine Träume von großartigen Leistungen, Unternehmungen und Plänen. Nie darf ein Mensch (am wenigsten seine eigene Frau) erfahren, was und wie er wirklich denkt und fühlt. Krampfhaft wird der Schein, wird der Nimbus des Geheimnisvollen, des Unergründlichen bewahrt.

Der Kamerad

Der Kamerad-Typ flieht vor der Realität seiner ehelichen Unfähigkeit in die Geborgenheit des Kameradschaftskreises, zu den eigenen Geschlechtsgenossen. Seine Schwachheit erträgt die Polarität mit dem Weiblichen nicht, diese Spannung zwischen Maskulinem und Femininem. Er schreckt vor der «Anstrengung» zurück, seine Frau wirklich kennenzulernen. Er weicht zurück und flieht in die Fernsehwelt, hinter die Zeitung, ins Berufsleben oder eben zum Männergesangsverein, zum Kegelklub, auf den Fußballplatz oder an den Stammtisch. Hier wird er akzeptiert und verstanden. Hier wird ihm kameradschaftlich auf die Schultern geklopft. Hier genügt er, fühlt er sich nicht bedroht vom Fremden, vom Weiblichen. Einigkeit macht stark. Vor dem Maß Bier, als Kamerad am Stammtisch, fühlt er sich wieder kräftig, «männlich». Die eigene Schwachheit triumphiert über die «Alte zu Hause». Der rauhe Umgangston, die gewissen «Männerwitze» vermitteln das Gefühl des Fähigseins, des Triumphierens, des «glorreichen alten Kameraden».

Kürzlich unternahmen meine Frau und ich an einem ganz gewöhnlichen Alltagsabend einen Bummel durch das schöne Städtchen Feldkirch in Vorarlberg. Danach gingen wir noch in ein kleines Restaurant, um etwas zu trinken. Der Nachbartisch war von «Kameraden» umzingelt. Es war sehr aufschlußreich, ihnen zuzuschauen. Da tätschelte man den «Kameraden» auf den Hinterkopf, es wurde freundschaftlich der Arm um die Schulter gelegt, lachend mit der flachen Hand auf den Tisch geschlagen und dabei kameradschaftliche Rippenstöße verabreicht. Man war offensichtlich so richtig «unter sich». Die Bedienung kannte man natürlich mit Vornamen, und gerade an der zufriedenen, ja triumphierenden Haltung dieser bedienenden, die Gruppe bejahenden, zu jedem Scherz verständnisvoll lächelnden und sich still fügenden Frau gegenüber erkannte man die eigene Fehleinschätzung der «Kameraden», ihre Sehnsucht nach Geltung, nach «Mannsein», nach Bewunderung und nach Bedientwerden. «Der Otto» machte schließlich noch ein paar Bemerkungen über sein Leid, diesen trauten Kreis nun

verlassen zu müssen – leicht schwankend versteht sich – um seiner «ehelichen Köchin» zu Hause noch etwas Gesellschaft zu leisten, und «der Otto» war sich des lachenden Beifalls seiner «Kameraden» sicher!

Wie ausgebrannt und leer doch solch ein allabendliches Männerleben sein muß – das waren Gedanken, die uns an diesem Abend noch stark beschäftigten.

Der Schatzmeister

Der Schatzmeister, der seine Verantwortung für die Familie erkennt, trägt diese jedoch nicht in erfrischender Freudigkeit und dem beglückenden Bewußtsein, gebraucht zu werden, eine lohnende Aufgabe, ein besonderes Vorrecht zu haben, sondern der

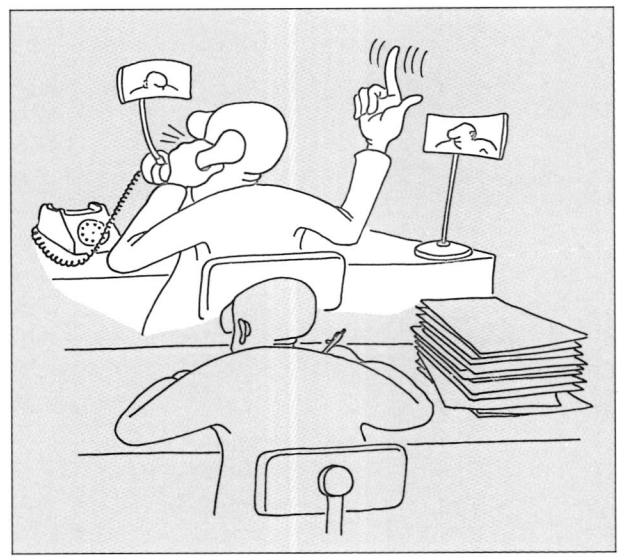

Schatzmeister schleppt seine Verantwortung stöhnend, mürrisch, gebeugt wie ein altes Lasttier. Sorgen und Arbeit liegen zentnerschwer auf seinen Schultern. Alles Frohe, Heitere, Lustige wurde unter den Hobelspänen seiner täglichen Bemühungen vergraben. Da werden Pläne gemacht und Möglichkeiten erprobt, da wird gerechnet, gespart und Unmögliches ausgetüftelt.

Die berufliche Arbeit genügt noch nicht. Unzählige Nebenbeschäftigungen werden betrieben. Und wenn der Schatzmeister nichts tut, sinnt er über neue Aktivitäten nach. Man geizt und versagt sich und der Familie alles, was in seinen Augen nicht unbedingt notwendig ist. Wobei natürlich alles nicht «unbedingt nötig» ist, was irgendwie etwas kostet und nicht mit dem einfachsten Lebensunterhalt zusammenhängt. Tragischerweise beruft sich der Schatzmeister manchmal sogar auf Bibelworte vom «Sichgenügen-Lassen», läßt aber die Warnungen vor Geiz und Geldgier, die als Wurzel allen Übels bezeichnet werden, außer acht. Seine Geldgier dient ja irgend einem «guten Zweck». Doch bekanntlich heilt der Zweck eben nicht die Mittel!

So wird der Schatzmeister zum bloßen Acker, an dessen Rändern auch nicht das kleinste Gänseblümchen Platz hat. Er wird sogar zur geistigen und seelischen Wüste, in der keine Oase mehr zu finden ist. Genau diese Atmosphäre verbreitet der Schatzmeister um sich. Man wagt kaum zu atmen, fühlt sich bedrückt und unbehaglich; empfindet falsche Schuldgefühle angesichts allem Beschwingten und Heiteren. Schaffen, sparen, zusammenkratzen – die Versorgung der Familie muß ja auch in der unbekannten Zukunft gesichert sein.

Der Schatzmeister schuftet und geizt schließlich für die Familie und macht sein Verhalten zum Martyrium, was doch nur Kleinlichkeit, Geiz, Flucht in die Arbeit und kleinmütige Angst vor der Zukunft ist.

Die Ehefrau würde liebend gern auf eine solcherart «gesicherte Zukunft» verzichten, um dafür etwas mehr Gemeinschaft, Lebendigkeit, Heiterkeit und Gegenwartsfreude zu bekommen.

Befreiung

Damit ein Mann ein fähiger Ehemann wird,

muß er aus seinen verschiedenen Rollen heraus befreit werden. Dazu einige grundsätzliche Gedanken:

Die Unfähigkeit erkennen

Von Natur aus ist der Mann zur ehelichen Liebe aus verschiedenen Gründen in der Tat unfähig:

1. Grundsätzlich wird der Mann vom Egoismus beherrscht, der echter Liebe immer entgegensteht. Wer sich auf dem Egotrip befindet, kann nicht wirklich lieben.

2. Seelisch fühlt sich der Mann seiner Frau oft deshalb unterlegen, weil die Frau vieles intuitiv erkennen kann (und daher seltsamerweise auch richtig entscheidet), wozu der Mann meist nicht fähig ist.

3. Der Mann scheut eigentlich die Verantwortung. «Alleine käme ich ja ganz gut zurecht», meinte ein Junggeselle, «doch für eine ganze Familie die Verantwortung zu übernehmen, davor scheue ich zurück.» Es ist auch eine gewaltige Aufgabe, die über das eigene Vermögen geht: Als Mann muß man eine Frau verstehen und führen, Kinder erziehen, der Familie Sicherheit, Schutz und Geborgenheit gewähren – und das alles in einer Welt, die in Brüche zu gehen droht!

4. Der Mann ängstigt sich um seine Freiheit. In der Ehe muß er sich disziplinieren, einiges an persönlicher Freiheit aufgeben. Er hat nun Angst vor Gefangenschaft. Manche Männer reagieren schon auf bestimmte Bitten und Wünsche ihrer Ehefrau empfindlich, weil sie dies als besitzergreifende Forderung auslegen. So reagiert der Mann feindlich auf die Wünsche der Frau, aus Angst davor, überwältigt und völlig in Beschlag genommen zu werden. (Deshalb nimmt der «General» vorsorglich seine Frau in Besitz, aus Angst vor ihren vermeintlichen besitzergreifenden Wünschen an ihn.)

5. Im sexuellen Bereich kann sich der Mann seiner Frau gegenüber minderwertig vorkommen. Er weiß, daß er seine Geschlechtsfunktionen auch ohne große seelische Beteiligung gebrauchen kann – etwas, was der Frau meist völlig fremd ist. Gefühle kosten den Mann viel mehr Kraft als die Frau. Gerade wenn er versucht, «Technik» in der geschlechtlichen Liebe auszuüben, erlebt er seine Unzulänglichkeit, erfährt er Frustration, weil er den seelischen Bedürfnissen der Frau nicht entsprechen kann.

Das falsche Vorbild

Als nächstes gilt es, das Bild vom harten Mann, das einem heutzutage auferlegt wird, über Bord zu werfen. Manchmal ist dieses Klischee eine Mischung aus dem «alten Kameraden General», der sich als «Geheimagent» betätigt. Sicher, selbstbewußt, über alle Schwierigkeiten erhaben, Meister des Denkens, Herr seiner Gefühle, bewundert, umschwärmt, ohne Schwächen (abgesehen von Frauen, Nikotin und Alkohol, was aber wiederum als Stärke erscheint), humorvoll, elegant, hoch intelligent und völlig selbständig. Denken Sie daran: Gerade solche «geheimen Kameraden» verstecken ihre eheliche Unfähigkeit!

Ein liebender Mann dagegen gibt sich zu erkennen, braucht seine Schwachheiten vor seiner Frau nicht zu verstecken, da er sich der Liebe seiner Frau ausliefert, was ihn zwar verletzbar, aber gerade dadurch auch zur liebenden Hälfte der ehelichen Einheit macht.

Haupt der Frau unter dem Haupt Christi
«Ich will aber, daß ihr wisset, daß Christus eines jeglichen Mannes Haupt ist...» (1. Kor. 11,3).

Wie wir schon sahen, hat das Haupt-sein des Mannes nichts mit Diktatur oder selbstherrlichem Patriarchat zu tun. Jeder Mann

kann in der Ehe in der rechten Art die Führung übernehmen, wenn er sich Christus unterordnet und sich von ihm führen läßt.

Der Mann ist dann nicht mehr auf sein eigenes (Un-)Vermögen, seine eigene Kraft angewiesen, sondern kann sich auf die Kraft Gottes stützen, kann sein Vertrauen auf die Allmacht Jesu Christi setzen!

Indem er sich bewußt wird, daß Jesus Christus für ihn am Kreuz gestorben ist, daß er als Mensch von Gott somit wertgeachtet ist, wird er von der Angst des Versagens, vom Gefühl der Minderwertigkeit befreit werden. Dieser Mann kann sein Versagen bekennen – und weiß sich trotzdem geliebt! Er fragt Christus nach den rechten Entscheidungen, nach dem richtigen Weg – er braucht nicht mehr selbst zu «wursteln». Das befreit, das gibt innere Ruhe und Zuversicht.

Jener Mann erkennt seine Grenzen und akzeptiert sie! Er kann der Wahrheit ins Auge schauen, braucht sich weder vor den eigenen Gefühlen zu verstecken, noch vor den Gefühlen seiner Frau zu fürchten.

Wie Christus ihn angenommen hat, so nimmt er seine Frau an, und zwar *brutto* mit aller Andersartigkeit des Denkens und Empfindens, mit allen Schwächen und Grenzen, nicht nur *netto*. Und er gibt sich selbst auch *brutto* der Liebe seiner Frau hin.

Ein Mann mit solcher Gesinnung kann offen und ehrlich mit seiner Frau reden, weil er dies auch vor Gott tut. Und weil er sich von Gott beschützt, anerkannt und in ihm geborgen weiß, kann er auch seiner Frau Schutz und Geborgenheit weitergeben, statt sein eigenes Ich schützen zu wollen. Er hat sein Ego Jesus Christus übergeben, er braucht es weder zu verstecken noch zu verteidigen.

Solch ein Mann wird auch nicht zum «Schatzmeister». Sogar wenn am Firmament wirklich dunkle Wolken von wirtschaftlicher Not, von Krankheit und Bedrängnis aufziehen, die man nicht einfach wegschieben kann, wird der christliche Mann diese Wolken in die Hände Gottes werfen, sein Vertrauen auf *den* setzen, der Himmel und Erde erschaffen hat. Dieser Mann wird nicht bereit sein, seine Freude im Herrn durch einen Sorgengeist verdecken zu lassen, da er weiß, daß er bei seinem himmlischen Vater wie ein Kind ist, das Verantwortung in die göttlichen Hände legen darf. Daraus erwächst wiederum die frohe zuversichtliche Bereitschaft, das zu tun, was Gott einem als Aufgabe zuteilt. Diese Verbindung von vertrauensvoller kindlicher Heiterkeit und der tätigen Bereitschaft, gottgegebene Aufgaben zu übernehmen, läßt die innere Gelassenheit eines christlichen Mannes zum Ausdruck kommen.

Die Bedürfnisse des Mannes

Bestätigung

Oft muß der Mann im Berufsleben hart um Bestätigung, um Selbstbehauptung kämpfen. Wenn er dann nach Hause kommt und von seiner Frau hört: «Laß bitte die Schuhe nicht einfach liegen»; «du schmatzt beim Essen»; «du solltest besser auf deine Gesundheit achten und statt Wurst mehr Salat essen»; «denkst du an unseren Hochzeitstag?!»; «du solltest dir angewöhnen, pünktlicher heimzukommen» – dann wird sich der Mann automatisch innerlich zurückziehen (vielleicht kommt es zuerst noch zu einem Krach) und nicht mehr bereit sein, aus seinem Schneckenhaus auch nur die Fühler herauszustrecken; denn ...

... er fühlt sich nicht akzeptiert und deshalb auch nicht geliebt;

... er kommt sich wie im Erziehungsheim vor, und die Empfindungen seiner Frau gegenüber werden entsprechend geprägt;

... sein Selbstwertgefühl wird zerstört, und er läuft Gefahr, in eine Rolle zu fliehen oder sogar aus der Ehe fliehen zu wollen.

Eine Frau hat die Aufgabe, ihrem Mann zu helfen, indem sie ihn bestätigt, d.h. zunächst einmal ihn so akzeptiert, wie er ist! Nur diese Haltung ihm gegenüber wird ihn davon überzeugen, daß er wirklich geliebt wird.

Peter platzte an einem Morgen plötzlich der Kragen: «Susanne, jetzt hast du mir schon dreimal gesagt, ich solle nicht vergessen, meine Jacke zuzuknöpfen, weil's draußen kalt ist. Jetzt halt endlich deinen Mund! Ich bin kein Kind mehr und habe deinen Ratschlag erstens nicht nötig und zweitens schon beim erstenmal richtig verstanden!» Susanne zog sich gekränkt zurück. Sie hatte es ja nur gut gemeint.

Bei allem Gut-Meinen: Falls Sie, liebe Ehefrau, die Angewohnheit haben, immer Ratschläge zu erteilen oder zu nörgeln oder zu bekritteln, können Sie sicher sein, daß Sie Ihrem Mann einen schlechten Dienst erweisen und dadurch seine Empfindungen Ihnen gegenüber unaufhaltsam abwürgen! Wie sollte ein Mann auch romantische Gefühle für seinen Schulmeister aufbringen können?

Für manche Frauen bedeutet einen Mann heiraten dasselbe wie ein altes Haus kaufen: Das halbe Vergnügen liegt im Ummodeln. Jedoch: Nörgeln ist das Gegenteil von akzeptieren. Entschließen Sie sich ein für allemal, Ihren Mann so anzunehmen, wie er ist und lassen Sie das Bekritteln, auch wenn er am Sonntagnachmittag im Sportdress im Wohnzimmer herumlungert oder vor dem guten Abendessen schnell noch eine Banane verdrückt. So soll sich also Ihre Liebe ausdrücken: Akzeptieren Sie Ihren Mann, wie er ist (nicht mit Dulder-Miene, einfach den Mund halten) und zeigen Sie ihm das auch. Sie haben in der Ehe keinen Auftrag, Ihren Mann durch Erziehung zu verändern! Sie sollen ihn so lieben, wie er ist, und Sie werden erstaunt sein, was für eine Reaktion dies bei Ihrem Mann auslöst!

Besonders schlimm können solche Erziehungsversuche von Frauen sein, die sich gut in der Bibel auskennen. Sie haben eine ganze Palette «biblischer Forderungen» an ihren Mann. Da die Bibel tatsächlich ein Spiegel ist, der uns (u.a.) unsere Verdorbenheit und Unfähigkeit vor Augen führt, halten diese «bibelfesten» Frauen ihrem Mann unablässig diesen Teil des Spiegels vor – welche Lieblosigkeit! Die Spiegel-Halterei ist nicht Aufgabe der Ehefrau!

Es ist aber Ihr Auftrag, sich zu entschließen, Ihren Mann künftig nicht mehr ändern, sondern annehmen zu wollen. Gerade dann, wenn er eine Niederlage erlitten hat, braucht er das Angenommensein von Ihnen besonders, sonst wird er nie echtes Vertrauen zu Ihnen haben können. Akzeptieren Sie also seine Vorzüge *und* Nachteile!

Bestätigen Sie Ihren Mann auch durch Bewunderung. Öffnen Sie mal wieder Ihre Augen und sagen Sie Ihm, was Sie so sehr an ihm schätzen. Sie werden ihm dadurch helfen, seine Verantwortung in Ehe und Familie freudig zu tragen.

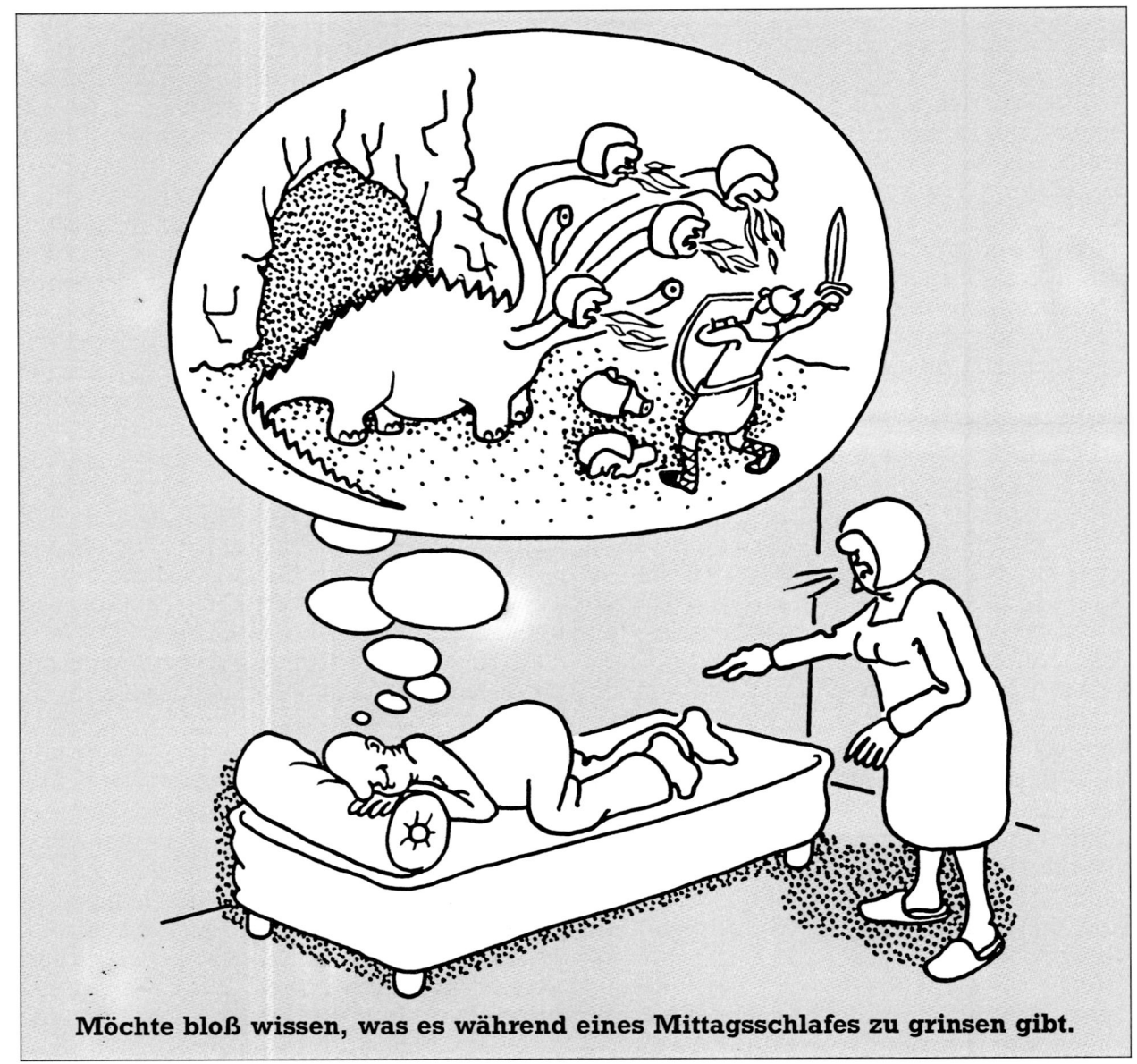

Möchte bloß wissen, was es während eines Mittagsschlafes zu grinsen gibt.

Hierher gehört auch die biblische Mahnung in Eph. 5,33, nach der die Frau Ehrfurcht vor dem Manne haben soll. Das heißt im Klartext, daß Sie das Verhältnis zu Ihrem Mann zunichte machen, wenn Sie diese Ehrfurcht ablegen. Die praktische Auswirkung ist, daß Sie ihn dauernd «zur Schnecke» machen.

Maria und Karl waren frisch verheiratet, und bereits begann das Tauziehen um die Führungsrolle. Beide hatten ihre Vorstellungen, Meinungen und Wünsche. Das begann schon damit, daß Karl die Klopapierrolle rechtsdrehend in den Halter klemmte, und Maria meinte, eine Klorolle müsse linksdrehend angebracht werden.

Was Kleidung, Häuslichkeit, Geschmack und Geselligkeit betraf, hatte Maria eine klare, überlegene Meinung, die auf ihre weibliche Gabe der Intuition gegründet war.

Das brachte sie ins Spiel (besser: aufs Schlachtfeld). Karl, der sich in seiner Verantwortung als Haupt natürlich noch nicht sicher fühlte, wurde dadurch noch mehr verunsichert. Wo er sich Zusammenhänge logisch erarbeiten mußte, erfaßte Maria diese aufgrund der weiblichen Intuition schnell in ihrer Gesamtheit. Sie wußte also manchmal schon längst, was sich Karl mühsam logisch zusammengereimt hatte. Dies verstärkte Karls Unsicherheit und sein Minderwertigkeitsgefühl.

Anstatt Verständnis, Geduld und bescheidene Zurückhaltung zu üben, trumpfte Maria mit ihrer Besserwisserei auf, fuhr ihrem Mann über den Mund und verunmöglichte ihm, die Führung in der Ehe zu ergreifen. Rund drei Jahre später litt Maria unter einem großen Problem: Karl übernahm keine Verantwortung in der Familie! Maria klagte über die Zurückgezogenheit ihres Mannes und darüber, daß sie selbst wichtige Entscheidungen (besonders bezüglich ihres Kindes) treffen müsse und sie sich von Karl alleingelassen fühle. Karl hatte schon lange abgedankt, weil Maria von Anfang an ja alles besser wußte. Maria hatte den folgenschweren Fehler begannen, Eph. 5,33 nicht zu beachten: «Die Frau aber habe Ehrfurcht vor ihrem Mann.»

Heißt das aber nun, daß die Frau immer ruhig und still sein soll? Darf sie nicht ihre Ansicht äußern? Doch, natürlich! Sie soll ihre Gaben ja gebrauchen, um dem Manne eine Gehilfin zu sein, auch ihre Gabe der Intuition. Sprüche 31,26 weist der Frau die Richtung: «Sie tut den Mund auf mit Weisheit.» Dialog und Diskussion sind nicht mit Widerspenstigkeit gleichzusetzen. Es kommt auf die Gesinnung, auf das «Wie» an. (Ein Mann, der jegliche Meinungsverschiedenheit als Nicht-Unterordnen einstuft, beweist, daß er keine Ahnung von Gemeinschaft, einander dienen und Kommunikation hat.)

Die Frau redet also, um «ihrem Haupt» ein gutes «Gegenüber» und eine wirkliche «Gehilfin» zu sein, nicht, um ihm die Führung schwerzumachen oder ihm die Leviten zu lesen. Der Mann wird ihr das reichlich lohnen!

Freiraum

Mann und Frau haben sich einander zur Treue verpflichtet – freiwillig! Deshalb darf dieser Grundzug der Liebe nicht überschüttet werden durch die Haltung, daß man den Ehegefährten als Besitz ansieht; denn der Ehepartner ist Eigentum Gottes (so er sich – wie ich es in einer christlichen Ehe voraussetze – Jesus Christus anvertraut hat). Jesus Christus hat Sie und Ihren Ehepartner teuer *erkauft* mit seinem Blut.

Für den Mann ist dieser Freiraum (von seiner Frau nicht als persönlicher Besitz angesehen zu werden) äußerst wichtig. Genauso bedeutungsvoll ist dieser Umstand auch für die Frau. Für den Mann ist es nicht leicht, den richtigen Weg zwischen ehelicher Liebe, Gottesliebe, Kinderliebe, ja auch «Berufs- oder Gemeindeliebe» zu finden. Er

sieht sich nun einmal in eine Welt mit verschiedenen Anforderungen gestellt, die alle seine Aufmerksamkeit verlangen. Setzt der Mann seine Prioritäten nach biblischen Maßstäben, braucht die Frau keine Angst zu haben, zu kurz zu kommen. Sie dürfen auch hier auf die Führung und das Reden Gottes zu Ihrem Mann vertrauen.

Was aber tut ein Mensch, wenn er sich plötzlich wie durch die Arme eines Tintenfisches umschlungen fühlt? Er versucht, sich mit allen Mitteln zu befreien.

Leider gibt es viele «Tintenfisch-Frauen», die sich darüber wundern, warum ihre eheliche Gemeinschaft immer spannungsgeladener und unbefriedigender wird. Sie bauen ihrem Mann Barrikaden auf, versuchen grundsätzlich seinen Tätigkeitsdrang zu dämpfen, wollen seine beruflichen Kontakte einschränken, errichten Schranken auf seinem Weg zur Außenwelt. Wie töricht und kurzsichtig! Der Mann wird nämlich eines Tages diese Krakenarme durchschneiden, die Barrikaden verzweifelt stürmen und dadurch mehr einreißen als notwendig wäre.

Geben Sie deshalb Ihrem Mann seinen Freiraum, seine freie Bahn für seine männlichen Aufgaben. Er wird um so lieber nach den Auseinandersetzungen mit der Außen- und Arbeitswelt «heim»kommen, wenn dieses Heim freundlich, hell und herzlich ist und nicht einem Straflager mit Stacheldrahtumzäunung ähnelt.

Dieses heitere, offene Heim wird immer stärker sein als die größten Tätigkeiten und Erfolge. Wachen Sie darum aufmerksam darüber, daß Sie keinen unvernünftigen, engherzigen Zaun um Ihren Mann errichten.

Die Aufgaben der Ehefrau

Seit einiger Zeit findet ein Großangriff auf die Stellung der Hausfrau und Mutter statt. In früheren Zeiten war es teilweise verpönt, den Beruf eines Naturwissenschaftlers auszuüben, heute ist es verpönt, Hausfrau zu sein. So wird in der Frau das Sehnen geweckt, *wie* der Mann zu sein: einen außerhäuslichen Beruf auszuüben, beruflich Karriere zu machen, selbständig Geld zu verdienen und unbelastet zu sein von Kinderbetreuung, Kochen und Putzen. Die Frau gibt ihrer Arbeit damit selbst den Todesstoß; denn es kann *nicht* wertvoller sein, im Beruf Karriere zu machen als Kindern eine solide Lebensgrundlage zu vermitteln! Es ist auch *nicht* interessanter, den ganzen Tag

eine Maschine zu bedienen (auch wenn es ein Computer ist), Briefe zu tippen oder unentwegt das Ersatzteillager zu vervollständigen als das Heim wohnlich zu gestalten, in Ordnung zu halten und die Familie zu versorgen. Logischerweise wird eine Frau unzufrieden, deprimiert und frustriert, wenn sie den hohen Wert und die einmalig wichtige Aufgabe ihres häuslichen Auftrages nicht erkennt. Automatisch sehnt sie sich dann nach außerhäuslichen Aufgaben und haßt ihr Hausfrauendasein.

Es trifft aber nicht zu, daß Hausfrauenarbeit etwas Geisttötendes sei. Ist man dennoch dieser Ansicht, so liegt dies nicht an der Arbeit, sondern an der Person, die diese Arbeit verrichtet. Zu einer richtigen rationellen Haushaltsführung gehört nämlich weit mehr, als vor allem Männer meist vermuten. Eine Hausfrau muß alles gut durchdenken, vorsehen, planen, in den rechten Zusammenhang bringen, Prioritäten setzen, einteilen und organisieren. Dabei müssen manchmal ganz verschiedene Aufgaben gleichzeitig bewältigt werden: Während des Kochens gilt es gleichzeitig das Baby zu hüten, zu bügeln, das Telefon zu bedienen oder einen Lieferanten zu bezahlen – und dies alles richtig, gut und in der denkbar kürzesten Zeit.

Mancher Mann würde davonspringen, wenn er in seinem Betrieb gleichzeitig so verschiedene und oft recht anspruchsvolle Arbeiten zu erledigen hätte; und zwar jeden Tag neu! Mehrere Arbeiten ordentlich in einer begrenzten Zeit überlegt zu erledigen, erforder: flinke Beine, geschickte Hände und ein waches, umsichtiges Denken.

Denken wir nur einmal an die Beschäftigung mit Kindern. Wie viele Männer werfen schon nach fünf Minuten das Handtuch, wenn sie versuchen, sinnvolle fördernde und (für die Kinder) interessante Spiele in Szene zu setzen!

Ein Kind körperlich zu pflegen, seelisch zu betreuen und geistig zu fördern ist eine der schwersten Aufgaben und eine vorzügliche Kunst. Nur wird sie leider wenig beherrscht, obwohl man weiß, daß gute Kindererziehung zum Wichtigsten gehört. Was in der Erziehung unterlassen wurde, ist fast nie mehr wettzumachen.

Es ist fatal, wie anfängerhaft, mittelmäßig und unwissend Kindererziehung (Kinder-ver-ziehung) betrieben wird.

Hier wird in erster Linie der Hausfrau und Mutter eine Aufgabe gestellt (wobei der Vater an der Kindererziehung nicht unbeteiligt sein darf), die ganze Hingabe, viel Energie und Können erfordert. Neben dem wichtigen Fingerspitzengefühl kommt eine Mutter nicht drum herum, sich auch theoretisches Wissen anzueignen, Wichtiges über Kindererziehung zu lesen, Prinzipien zu erlernen, sich zu informieren.

Und da möge noch jemand sagen: «*nur Hausfrau und Mutter...*»!

«Ich behaupte, daß nicht die Frau ‹emanzipiert› ist, die sich dem Mann angleicht, sondern diejenige, die sich gerade in ihrem Anderssein als Frau voll bejaht.»
Ingrid Trobisch

Unterordnung

«Wie nun die Gemeinde Christus untertan ist, so seien es auch die Frauen ihren eigenen Männern in allem» *(Eph. 5,24)*.

Auf viele Frauen wirkt dieser Vers wie ein rotes Tuch. Eine Dame ist mir noch in lebhafter Erinnerung: Hochrot im Gesicht und nach Luft schnappend, sagte sie so etwas wie: «Totaler Unsinn!»

«Wie machen Sie denn das in der Ehe?» fragte ich beschwichtigend.

«Ich lasse keinen Zweifel darüber aufkommen, daß ich weiß, was ich will – und es auch tue, ob's meinem Mann paßt oder nicht!»

«Und Ihre Ehe?» –

«Die ist schon lange kaputt!»

Gott meint es gut mit uns. Seine Anweisungen und Ordnungen sind psychologische Kostbarkeiten und die besten Ratschläge für ein harmonisches Zusammenleben – für den, der darauf eingeht. Zu diesen Anweisungen gehört auch der Gedanke der Unterordnung der Frau in der Ehe. Diese Anweisung darf aber keineswegs losgelöst werden von den anderen göttlichen Gedanken über die Ehe. Eine harmonische Ehe sieht Gott darin, daß der Mann, der unter der Autorität Christi lebt, von seiner Frau ergänzt wird (wobei sie als Team funktionsfähig werden – es kann nicht zwei Häupter geben), was dann den Mann wiederum dazu veranlaßt, seine Frau so zu lieben und zu pflegen «wie Christus die Gemeinde, für die er sich selbst hingegeben hat».

Beide, Mann und Frau, sind im Bilde Gottes geschaffen (1. Mose 1,26f). Keinerlei Erniedrigung für die Frau könnte man dadurch ablesen. Die gleiche Ehre, ein *gemeinsamer* Auftrag («macht euch die Erde untertan» – V. 28) wird beiden gegeben.

Eine weitere Bestimmung der Frau heißt, sie soll eine «Gehilfin» des Mannes sein (1. Mose 2,18); besser: ein Gegenüber. Schon hier beginnen einige Zeitgenossinnen die Nase zu rümpfen. Sie kennen die Ehre, die Würde, den Segen des Helfens nicht mehr. Der Materialismus, der sich alles bezahlen läßt, der ausbeuten und herrschen möchte, hat unser Empfinden angefressen und das Helfen zu einem Wort des Ärgernisses abgewertet.

Gehilfin sein (ein «Gegenüber» sein) ist jedoch keine Erniedrigung für die Frau; hier wird keine Minderwertigkeit der Frau proklamiert, sondern auf die Hilfs- und Ergänzungsbedürftigkeit des Mannes hingewiesen! Er braucht ein Gegenüber – welch würdevolle Aufgabe ist doch dieses «um ihn sein»! Welch ehrenvolle Stellung bei einem Menschen, den man liebt (bei dem man sich entschieden hat, ihn zu lieben).

Unterordnung hat absolut nichts mit einem Sklavendasein gemeinsam. Mit eiserner Kette sei die Frau an den «Pascha» gebunden, der sie ge- und mißbrauchen könne, wie er wolle. Nie dürfe die Frau ihre Meinung sagen; sie hätte nur zu gehorchen. Eine solche Einstellung hat mit der biblischen Anweisung von Unterordnung nicht im entferntesten etwas zu tun.

Unterordnung ist eine innere Haltung, eine persönliche Einstellung, die sich natürlich ebenfalls auch in Handlungen ausdrückt.

Viele Frauen wollen diesem biblischen Befehl Folge leisten. Sie tun, was der Mann sagt, gehorchen stumm – meistens aber voll innerer Rebellion. Einfach alles zu dulden hat nichts gemein mit dem freiwilligen Unterordnen. Hier wird man auch keine Harmonie erleben. Unterordnung heißt für die Frau: Das Vertrauen auf Gott setzen und aus diesem Glauben heraus ihrem Mann Gehilfin sein *zu wollen!*

«Sie kennen meinen Mann nicht! Da läßt sich das Unterordnen nicht praktizieren, weil er seine Familie nicht führen kann», hört man oft als Einwand. Ich zweifle nicht daran, daß viele Männer keine Ahnung von ihrer Stellung in der Ehe haben. Sie sollten jedoch als Frau Ihre Hoffnung nicht auf den Mann setzen und ein «vollkommenes Haupt» erwarten, sondern auf Christus, und aus diesem Vertrauen heraus dieses Glaubensexperiment der Unterordnung eingehen. «Denn so haben sich vorzeiten auch die heiligen Frauen geschmückt, die ihre Hoffnung auf Gott setzten und ihren Männern untertan waren» (1. Petr. 3,5).

Das Vertrauen also nicht auf den Mann setzen, sondern auf Gott!

Nur aus dieser Haltung heraus kann eine Frau ihren Mann wirklich *lieben;* d.h. das Beste für ihn suchen, seine Bedürfnisse in Erfahrung bringen und auch stillen – also dieselbe grundsätzliche Aufgabe erfüllen, wie sie auch der Mann seiner Frau gegenüber hat und dabei erleben, daß man durch Beschenken und Geben selbst beschenkt wird. Wie sieht das nun praktisch aus?

Anpassen

Unterordnung bedeutet für die Frau auch, sich anzupassen. Wenn zwei Individuen zusammenleben, gibt es automatisch Interessenskonflikte. Am Samstagabend möchte der Mann ins Hallenschwimmbad, die Frau aber lieber zu Hause bleiben. Die Frau hätte gerne eine Urlaubsreise unternommen, der Mann aber will für ein neues Auto sparen. Sie hat abends Lust, im Städtchen zu bummeln und anschließend ein Eis zu essen, er aber ist zu müde; sie möchte über Ostern die Eltern besuchen, er an einer Familienfreizeit teilnehmen; sie möchte sofort über bestimmte Konflikte reden, er aber Zeitung lesen; sie sehnt sich nach einem Spaziergang, er möchte das spannende Buch fertig lesen.

«Löst» man diese Konflikte, indem man einfach getrennte Wege geht, werden sich die Eheleute unweigerlich auseinanderleben.

Die biblische Lösung lautet, daß sich die Frau der Führerschaft ihres Mannes unterstellen soll, daß sie ihm die Entscheidung überläßt, nachdem sie ihm ihr Empfinden mitgeteilt hat. Lieben heißt hier für sie, sich freiwillig anzupassen im Vertrauen auf die Führung Gottes über ihrem Mann. Der Mann wird auf eine solch liebende Haltung mit Dankbarkeit reagieren und die Wünsche seiner Frau nicht unbeachtet lassen.

Viele Frauen merken nicht, daß sie durch ihre rebellische Art den Mann zur Resignation im Hinblick auf seine Führerschaft getrieben haben. Nun läßt er einfach «den Karren so laufen, wie er läuft» und flieht vor der Verantwortung (bzw. der Führung, die ihm die Frau zuschustert, solange sie nichts Gegenteiliges will).

Geben Sie Ihrem Mann zu verstehen, daß Sie bereit sind, sich ihm anzupassen, daß Sie seine Entscheidung akzeptieren und froh sagen werden: «Ja, das machen *wir!*» Ihr Mann wird diese Wahlfreiheit meistens so schätzen, daß er seine Entschlüsse sorgsam

abwägt und nicht töricht handelt. In dieser Atmosphäre kann man wirklich auch nüchtern etwas besprechen, statt sich zu bekämpfen.

Dankbarkeit

Auch die Frau kann durch Gleichgültigkeit ihren Mann verletzen und entmutigen. Besteht nicht auch bei Ihnen die Gefahr, daß Sie vieles an Ihrem Gefährten selbstverständlich hinnehmen? Wann haben Sie sich zum letztenmal bei Ihrem Mann für seinen Arbeitseinsatz bedankt, für sein Monatsgehalt, für seine praktische Fürsorge, für seine – vielleicht oft unbeholfenen – Versuche, Ihnen ein Kompliment zu machen oder durch ein Geschenk eine Freude zu bereiten?

Eine Frau, die auf ein «süßes Mitbringsel» ihres Mannes antwortet: «Ach, du weißt doch, daß ich wegen meiner Linie nichts Süßes esse», wird selbst schuld daran sein, wenn er es künftig unterläßt, ihr eine Freude zu bereiten.

Darüber hinaus ist solch eine Reaktion schlicht eine große Undankbarkeit. Genauso undankbar ist die Frau, die meint, *ein Recht* auf ein Geschenk, ein Essen im Restaurant, einen Blumenstrauß oder ein Kompliment zu haben. Seien Sie dankbar, nicht fordernd!

Am Anfang ihrer Ehe ließ eine Frau des öfteren durchblicken, daß ihr Mann ab und zu mit Blumen nach Hause kommen sollte. Solange der Mann aber ihre heimliche Forderung spürte, war er unfähig, dies zu tun –

einfach deshalb, weil er Angst vor einer sterilen (oder gar geheuchelten) Dankbarkeit hatte. Wie kann man auch auf ein Recht pochen und gleichzeitig dafür von Herzen dankbar sein?!

Sich schenken

Zeigen Sie Ihrem Mann Ihre Liebe, indem Sie sich ihm schenken. Wem schenken Sie beispielsweise Ihre Schönheit? Legen Sie nur dann ein vorteilhaftes Make-up auf, wenn Sie ausgehen? Tragen Sie dann Ihre schönsten Kleider, wenn Sie *jemanden* besuchen? Dann wird Ihr Mann das sichere Gefühl bekommen, daß *er* Ihnen nicht so wichtig ist. Wie kann er auch anders denken, wenn er sieht, wie Sie sich zurechtmachen, bevor Sie zum Arzt gehen, ihn aber mit einer schmutzigen Küchenschürze und zerzaustem Haar empfangen, wenn er nach Hause kommt? Oder wenn er Sie in hübschen Kleidern sieht, weil Sie vorhaben, ein Kaffeekränzchen bei Ihrer Freundin zu besuchen; am nächsten Abend aber leisten Sie ihm wieder im abgeschossenen, ausrangierten Kleid Ihrer älteren Schwester Gesellschaft, das man fürs Haus schon noch tragen kann. Fürs Haus schon, aber nicht für Ihren Mann!

Wenn Sie Ihren Mann lieben wollen, dann machen Sie sich *für ihn* hübsch!

Liebe will den andern erfreuen!

Überlegen Sie, mit welch frischer Erscheinung Sie heute abend Ihren Mann überraschen können. Er wird es sehr schät-

«Eine kluge Frau weiß, daß es keine bessere Kosmetik als gute Laune gibt. Gute Laune ist eine Kostbarkeit, die zu gewinnen nicht schwerfällt, wenn man die eigene Person dabei nicht zu wichtig nimmt.» (E. Müller)

zen und viel lieber nach Hause kommen, wenn er einer Frau begegnet, die sich *für ihn* hübsch gemacht hat, als einer «triefenden Dachtraufe», wie es Salomo in den Sprüchen so treffend ausdrückt.

Sie als Ehefrau, bestimmen meistens die Atmosphäre des ganzen Abends – je nachdem, wie Ihr Mann von Ihnen empfangen wird. Auch ein abgespannter, mürrischer Mann wird neben einer hübsch zurechtgemachten, duftenden und freundlichen Frau seine trübsinnige Stimmung nicht lange behalten können. Probieren Sie's, und haben Sie Geduld, wenn's nicht gleich umwerfend klappt. Es lohnt sich auf jeden Fall!

Die Schönheit einer Frau

Für das Gesicht, das wir in die Wiege mitbekommen haben, können wir nichts. Am Gesicht, das wir jetzt und in Zukunft haben werden, gestalten wir sehr wohl selbst mit. Nicht nur mit Make-up, sondern vor allem mit unserem Ausdruck zur Geltung. Und gerade der ist es, der eine Frau schön macht. Eine etwas lange Nase oder schiefe Zähne oder große Ohren – all dies kann der Schönheit, die durch den Ausdruck kommt, nichts anhaben. Und woher kommt der Ausdruck? Es ist der Spiegel unserer Seele. Ein heiteres, friedfertiges, ausgeglichenes, dankbares Inneres prägt unseren Ausdruck. Seien Sie daher «schön»!

Gott hat Ihren Körper auch mit sehr viel natürlicher Schönheit ausgestattet. Bedenken Sie: Gott hat ihn geschaffen! Selbstverständlich versucht der Gegenspieler Gottes sämtliche Taten des Schöpfers zu verzerren, zu pervertieren. Weil dies viele Christen (zurecht) sehen, fallen sie auf einen anderen plumpen Trick herein, fallen sie gleichermaßen auf der anderen Seite vom Pferd, indem sie die Schönheit des Körpers völlig unbeachtet lassen oder sogar als «weltlich» hinstellen. Dabei vergessen sie (auch im Bezug auf Kleidung), daß Gott ja Form und Farbe geschaffen hat, daß er eine Wiese mit tausenderlei fröhlichen Farben überzieht und Freude hat an harmonischer Vielfalt, an Schönheit.

Der Geist des Islam zum Beispiel, wo Frauen Schleier und dunkle Kleidung tragen müssen, widerspricht dem Geist des frohmachenden Evangeliums. Eine Frau, die sich pflegt und hübsche, geschmackvolle Kleidung anlegt, ehrt damit ihren Schöpfer.

Auch im Buddhismus bei den 10 Geboten des Buddha finden wir denselben unchristlichen Geist: (8.) Verbot von Blumenschmuck, Parfüm, Schminke und Schmuck; (9.) Verbot bequemer Schlafweise etc.

Gesicht und Kleidung sollen also Ausdruck des inneren Menschen sein. Daher ist es auch ganz in Ordnung, mit Geschmack und Anstand Make-up zu verwenden, um dem Liebenswerten in der Seele zu helfen, sich im Formausdruck des Körperlichen darzustellen.

Wo man jedoch versucht, Gemeinheit, Lüsternheit oder Geistlosigkeit zu übertünchen, da ist Lüge und Schwindel. – Es fällt aber auch nur der darauf herein, der aus lasterhaften Motiven darauf hereinfallen will. Der schöne Gesichtsausdruck, den man geschmackvoll verstärkt, ist grundsätzlich verschieden vom Farbkasten-Gesicht einer Frau, die ihre Stumpfheit zu verdecken sucht. So offensichtlich verschieden, daß Salomo (und der sollte es wohl wissen) sagt: «Einer Sau mit einem goldenen Nasenring gleicht ein hübsches Weib ohne Anstand» (Spr. 11,22).

Liebe Ehefrau, Sie dürfen und sollen schön sein!

Auch die Kleidung soll ihr innerstes Wesen ausdrücken. Ist ihr innerstes Wesen farblos, grau und trübe oder froh, glücklich und erfüllt? Ihre Kleidung sollte eine persönliche Note haben. Wer sich nur nach der Mode richtet, kleidet sich automatisch häßlich; denn man kann sein Inneres, das in der Kleidung zum Ausdruck kommen soll, nicht quartalsweise ändern. Genausowenig, wie Sie Ihre Frisur oder Ihre Haarfarbe quartalsweise ändern können, ohne daß dabei Ihre Unstetheit, Leere, Unsicherheit und Unzufriedenheit zum Ausdruck kommen würde. Kann man seinen Gang oder seine Schrift, die ja auch zum Teil Ausdruck der Persönlichkeit sind, quartalsweise ändern?

Reine Mode ist nur etwas für Frauen, die auf Persönlichkeit verzichten müssen, weil sie keine besitzen und so völlig anspruchslos gegenüber dem wirklich Schönen sind.

Eine Frau mit großer innerer Schönheit wird auch nie den Trend mitmachen, ihre Kleidung als erotische Sensation zu präsentieren. Der nächste Schritt wäre die Bloßstellung. Sexuelle Bloßstellung durch durchsichtige Blusen ohne BH, durch Super-Mini-Röckchen etc. will Aufmerksamkeit durch Enthüllen erregen, will körperlich entblößen, weil es an dieser Person sonst nichts Wesentliches mehr zu entblößen gibt.

Daß sich eine christliche Ehefrau der bewußten Erregung von Lüsternheit entzieht, dürfte klar sein. Um so mehr soll sie sich daheim hübsch machen, sich schmücken, damit sie ihren Mann wie eine Prinzessin empfangen kann. Ihr Mann wird sich wie ein Prinz freuen (andernfalls eben wie ein Vagabund).

Freundin sein

Seien Sie Ihrem Mann eine Freundin. Geht das in einer Ehe überhaupt? Wie an anderer Stelle gezeigt, muß Freundschaft bereits vor der Ehe praktiziert werden und wachsen. Wenn sie dann in der Ehe weitergepflegt wird und weiterwächst, blüht ein wesentlicher Aspekt Ihrer ehelichen Gemeinschaft auf und bringt seine kostbaren Früchte.

Doch was heißt Freundschaft? Dies wäre ein Thema über mehrere Seiten, doch in aller Einfachheit und Kürze kann man es so erklären: Verliebte stehen sich gegenüber und schauen sich tief in die Augen. Freunde stehen Seite an Seite und blicken auf ihr gemeinsames Ziel! Dieses gemeinsame Ziel verbindet und schafft gegenseitiges Vertrauen.

Sie dürfen und sollen Geliebte Ihres Mannes sein, die ihm tief und liebevoll in die Augen schaut. Vergessen Sie aber nicht, auch Freundin zu sein, die sich ihm zur Seite stellt und nach vorne blickt.

Wie arm ist der Mann dran, der nur mit seinem Kameraden Ideen entwerfen (und verwerfen), Pläne ergänzen und korrigieren und gespannt darauf warten kann, was wohl daraus werden wird. Ja, am Anfang der Ehe hat der Mann seine Gedanken vielleicht noch offen vor seiner Ehehälfte ausgebreitet. Er hat ihr vorgeschwärmt und vorgerechnet, Befürchtungen verraten und überschwenglich seine Siege mitgeteilt. Und jetzt sitzt er vielleicht oft gedankenverloren beim Abendbrot oder hat Zusammenkünfte mit anderen Leuten. Wenn die Frau ihn fragt, was ihn bewegt, antwortet er: «Ach, nichts Wichtiges.» In Wirklichkeit meint er aber: «Für *dich* nichts Wichtiges!» In dieser Situation ist die Frau keine Freundin mehr.

Wie kommt solch eine Entwicklung zustande? Meist dadurch, daß die Frau den Plänen ihres Mannes lächelnd zuhört, ab und zu einen unintelligenten Einwand bringt, ein paar zerstreute Anmerkungen macht und unbedeutende Fragen stellt, unterbrochen von verstohlenem Gähnen, so daß der Mann bald merkt, daß echtes Interesse ja gar nicht vorhanden ist. Er spürt, daß niemand an seiner Seite steht, der dasselbe Ziel, denselben Plan im Auge hat.

Die Frau schneidet vielleicht – als Bestätigung – ein anderes Thema an: Haushalt, Nachbarn, Mode oder die Verwandtschaft, die am nächsten Sonntag zum Essen eingeladen hat.

Ja, und dann, nach einer Weile, spricht er gar nicht mehr von seinen Ideen und Träumereien, von seiner Tätigkeit und seinen Befürchtungen. Er erkundigt sich nach der Verwandtschaft und ob sie auch zum Essen kommen möchte, erzählt ebenfalls von Nachbarins jungen Kätzchen und den Kindern, die neu zugezogen und recht ungezogen sind.

Themen in Fülle – und mittendrin merkt sie, daß der Mann verstohlen auf die Uhr schaut oder mit einem Auge die Zeitungsschlagzeilen liest. Da wird sie wütend und fühlt sich vernachlässigt. Und er zieht den Mantel an und geht zu seinem Kollegen, seinem Freund – weil er keine Freundin hat.

Streben Sie danach, liebe Ehefrau, die Freundin Ihres Mannes zu sein, nicht nur Heim und Bett mit ihm zu teilen, sondern auch seine Welt. Es ist dazu nicht nötig, die Betriebsanleitung einer neuen Maschine zu lesen, an der er arbeitet oder einen Computerkurs zu machen. Das wird wohl auch gar nicht erwartet. Eine Freundin aber teilt das Leben des Mannes in intelligenter, gütiger, empfindsamer Art. Er braucht Sie wahrscheinlich mehr, als er sich selbst bewußt ist. Ihre Ermutigung, Ihr Lob und Ihr Urteil sind ihm wichtiger und fördernder als fachmännische Urteile von Spezialisten. Vielleicht müssen Sie aber auch einmal ein Buch über Landwirtschaft in der Dritten Welt lesen, weil Gott Ihrem Mann diesen Bereich aufs Herz gelegt hat. Frauen, die nichts über Geschäft oder Kunst oder Beruf oder Politik hören können, verlieren die Freundschaft ihres Ehemannes, verspielen leichtfertig ihr Vorrecht, dem Mann ein Gegenüber zu sein.

Seien Sie auch Freundin (ein vertraulich Schulter an Schulter stehender Mensch), wenn Versagen, beruflicher Fehlschlag, Arbeitslosigkeit oder sonstige Nöte Ihren Mann ereilen. Wenn ihn alle im Stich lassen – da zeigt es sich, inwieweit Sie echte Freundin sind: «Ein Freund liebt jederzeit, und in der Not wird er als Bruder geboren» (Sprüche 17,17).

Fragen und Antworten

Unterschiede durch Rollenzwang?

Immer wieder hört man, daß Frau und Mann durch die ihnen aufgezwängten Rollen so verschieden würden. Natürlich muß man den anatomischen Unterschied akzeptieren, doch haben auch radikale Feministinnen die Ansicht vertreten, daß die Unterschiede zwischen den Geschlechtern durch Kultur und Umgebung hervorgerufen werden. Was soll man davon halten?
Sabine M.

Diese Auffassung widerspricht der Realität. Mann und Frau unterscheiden sich nicht nur anatomisch, sondern auch biochemisch und emotionell.

«Es gibt auch beträchtliche Hinweise darauf, daß der hypothamalische Bereich, direkt über der Hirnanhangdrüse im Zentrum des Gehirns, für beide Geschlechter anders geartet ist. Somit liefert der Hypothalamus (als Sitz der Gefühle bekannt) Frauen einen anderen psychologischen Bezugsrahmen als Männern. Außerdem ist das sexuelle Verlangen der Frau in begrenztem Maße zyklisch, nach dem Kalender der Menstruation, während Männer in dieser Hinsicht überhaupt nicht zyklisch bestimmt sind. Diese und andere Merkmale führen zu der unleugbaren Tatsache, daß männliche und weibliche Ausdrucksweisen der Sexualität keineswegs identisch sind. Wenn man diese Unterschiede nicht versteht, führt das zu ständiger Frustration und zu Schuldgefühlen in der Ehe» (Swindoll).

Mein Mann ist nicht gläubig

Mein Mann ist (noch) nicht an Jesus Christus gläubig geworden. Meiner Bekehrung steht er recht skeptisch gegenüber. Ich weiß oft nicht, wie ich mich ihm gegenüber verhalten soll. Können Sie mir ein paar Tips geben?
Erika F.

Den besten Hinweis erhalten wir in 1. Petr. 3,1 + 2: «Gleicherweise sollen auch die Frauen ihren eigenen Männern untertan sein, damit, wenn auch etliche dem Worte nicht glauben, sie durch der Frauen Wandel ohne Wort gewonnen werden, wenn sie euren in Furcht keuschen Wandel ansehen.»

Hier geht eindeutig hervor, daß Ihr «Wandel» das entscheidende Evangelisationsinstrument sein wird. Und Petrus präzisiert: «Wandel ohne Wort!»

Als Ehefrau haben Sie daher nicht den Auftrag, Ihrem Ehegatten evangelistische Vorträge zu halten. Sie sind Ihrem Mann auch kein Wegweiser zu Jesus Christus hin, wenn Sie ihm während einer Predigt bei entsprechenden Aussagen einen leichten Rippenstoß versetzen oder ihm zum Geburtstag oder zu Weihnachten nur noch evangelistische Bücher schenken.

Bitten Sie Gott um Hilfe für einen Wandel ohne Wort. Ihr Mann muß Ihr verändertes Verhalten beobachten können! Ihr gottesfürchtiger Wandel kann nicht spurlos an ihm vorübergehen.

Selbstverständlich setzt ein solch positives Verhalten eine entsprechende innere

Haltung voraus. Wenn Petrus weiter von einem «sanften und stillen Geist» schreibt (1. Petr. 3,4), so heißt das nicht Schwachheit – ganz im Gegenteil, es heißt «Kraft und Würde sind ihr Gewand, und sie lacht des künftigen Tages» (Sprüche 31,25). Sanft sein bedeutet, im Frieden Gottes zu ruhen; still sein heißt, auf das Eingreifen Gottes zu vertrauen.

Die Frau, die sich früher von ihrem inneren Tumult, von ihrer Rastlosigkeit und Unzufriedenheit hat umhertreiben lassen, strahlt nun den Frieden Christi aus. Sie widmet mit innerer Anteilnahme ihre Aufmerksamkeit ihrem Mann und «lacht des künftigen Tages», weiß sich geborgen in ihrem Herrn und Erlöser und freut sich über ihre Gotteskindschaft und über den Plan, den Gott für ihr Leben hat.

Erst wenn der Mann vom Wandel ohne Wort angetan ist und Fragen stellt, wird ihm die Frau (so es nicht bereits durch andere Gemeindeglieder geschieht) in aller Liebe auch die Frohe Botschaft des Evangeliums sagen.

Untertan sein?

Inwieweit muß ich denn meinem ungläubigen Mann untertan sein?   *Helen S.*

Zuerst ist es wichtig, daß sie grundsätzlich die positive Haltung der Unterordnung einnehmen. Dadurch tragen Sie zu einer guten Ehe bei. Ihr Mann wird dies merken und schätzen.

Selbstverständlich zeigt uns Gott auch die Grenzen auf: Man muß ihm mehr gehorchen als den Menschen! (Apg. 4,19) Verlangt ein Mann von seiner Ehefrau beispielsweise ein sündhaftes Verhalten (Partnertausch, Lüge, Betrug), so soll die Frau hier den Gehorsam verweigern. Aber auch hier ist die Art und Weise wichtig: «Du Lügner, das tu ich nicht!» klingt anders als z.B.: «Bitte verstehe, daß ich dies mit meinem Gewissen nicht vereinbaren kann.»

Eine Christin soll auch nicht gegen den Willen ihres Mannes jede Gemeindeveranstaltung besuchen, in der falschen Meinung, dies hieße Gott mehr zu gehorchen als den Menschen. Nur dann, wenn der Mann grundsätzlich verbieten würde, daß seine Ehegefährtin ihren Glauben lebt, könnte die Ehefrau darauf nicht eingehen. Gebet, Bibellesen, Gemeinschaft mit anderen Christen, gehören genauso zu den Pfeilern eines gelebten Glaubens wie Gehorsams- und Glaubensschritte (z.B. den Glauben zu bezeugen) aufgrund biblischer Aufforderungen.

Will sich ein ungläubiger Ehemann sogar scheiden lassen, weil er dies nicht tolerieren kann, «so scheide er!» – «die Schwester ist in solchen Fällen nicht gebunden. In Frieden aber hat uns Gott berufen!» (1. Kor. 7,15)

Euer Schmuck soll nicht sein...

In 1. Petrus 3,3 heißt es: «Euer Schmuck soll nicht der äußerliche sein, mit Haarflechten und Goldumhängen und Kleideranlegen, sondern der verborgene Mensch des Her-

zens...» *Und trotzdem raten Sie, daß eine Christin auf Schönheit ihrer Kleidung achten soll?*   *Irene V.*

Im von Ihnen zitierten Vers werden Frauen darauf hingewiesen, zuerst auf ihren «inneren Menschen» zu achten. Wenn der innere Zustand erbärmlich ist, sollen sie dies nicht mit Schmuck und schönen Kleidern zu überdecken suchen.

Das heißt nicht, daß man sich überhaupt nicht um ein angenehmes, geschmackvolles Äußeres kümmern soll. Nein, Schönheit der Kleidung muß Ausdruck der inneren Schönheit des inneren Menschen sein.

Oft hört man sogar, daß – aufgrund oben zitierter Stelle – «Haare flechten» oder «Goldschmuck» unbiblisch sei. Hier macht man aber plötzlich halt, denn beim dritten Punkt, dem «Kleideranlegen», würde nur allzu deutlich werden, daß die erwähnte Bibelauslegung eine Vergewaltigung dieser Verse darstellt. Oder will jemand behaupten, daß nur Nacktheit biblisch und Kleidertragen unchristlich sei? Nein, «Kleideranlegen» wird in einem Atemzug mit «Haare flechten» und «Goldumhängen» genannt!

Hier wird also klar, daß es um Prioritäts- und Gesinnungsfragen geht und nicht um eine grundsätzliche Berechtigungsfrage von «Haare flechten», «Goldumhängen» und «Kleideranlegen».

Ich könnte ein Anstoß sein

Heißt es nicht, wir sollen niemandem ein Anstoß sein? Wenn ich mich nun aber hübsch mache und geschmackvoll kleide, können Männer dadurch verstärkt in Versuchung geraten. Das wäre aber doch nicht recht, oder?   *Michaela Sch.*

Wenn Sie sich hübsch machen und geschmackvoll kleiden (nicht aufreizend – was ja auch nicht geschmackvoll ist), ehren Sie dadurch Ihren Schöpfer, der Schönheit geschaffen hat. Das ist Ihre Verantwortung. Daß dadurch ein Mann verstärkt versucht werden kann, liegt nicht an Ihrer Schönheit, sondern am pervertierten Blick dieses Mannes. Ein christlicher Mann mit einem gereinigten Blick wird Ihre Schönheit als solche erkennen und Gott dafür loben. Ein Mann dagegen, der eine verdorbene Phantasie besitzt, dessen «Augen voller Ehebruch» (2. Petr. 2,14) sind, wird Ihre Schönheit automatisch gedanklich beschmutzen und pervertieren. Die Versuchung kommt hier in Wirklichkeit nicht von Ihrer Schönheit, sondern vom sündhaften Herzen, von den verdorbenen Gedanken jenes Mannes. Und das ist dessen Verantwortung!

Die Lösung des Problems liegt darin, daß ein solcher Mann einen Seelsorger oder christlichen Berater aufsucht, der mit ihm arbeitet und zeigt, wie die Gedanken, wie seine Phantasie wieder rein werden können. Das ist die biblische Lösung. Die Mohammedaner sehen die Lösung des Problems darin, die gottgegebene Schönheit ihrer Frauen vor den verdorbenen Blicken der Männer zu verbergen. Welche Knechtschaft! Welches Dilemma!

Hüten wir uns davor, islamischen Geist in

unseren christlichen Gemeinschaften zuzulassen!

«Keinen Anstoß geben» heißt ja stets: «Keinen Anstoß zur Sünde» geben. Das wäre sicher der Fall, wenn Sie beispielsweise durch eine Entblößung der Brust automatisch das sexuelle Verlangen eines Mannes reizen würden. Da könnten Sie einen Anstoß zur Sünde geben. Geschmackvolles, frohes Kleiden, Schönheit und Anmut locken aber nicht automatisch das sexuelle Verlangen eines Mannes. Da muß Sünde bereits vorhanden sein, Sünde, die Gedanken und Phantasie regiert, um die geschmackvolle Schönheit einer Frau lüstern zu betrachten.

Bräunungs-Studios

Was halten Sie von Bräunungs-Studios?
Werner E.

Zur Zeit unterliegen viele Frauen (und auch Männer) einer dubiosen Mode: Sie räkeln sich stundenlang in Bräunungsstudios, um nachher wie Jamaika-Eingeborene auszusehen. Dabei bedenken sie nicht, daß unsere Haut aus empfindlichen Basalzellen besteht. Aus denen wächst unsere Oberhaut laufend nach. Damit diese Basalzellen geschützt werden, bildet sich bei starker Sonneneinwirkung (Ultraviolettstrahlung) eine Pigmentschicht, die wir als leichte Bräunung wahrnehmen. In unseren Breiten verblaßt diese Pigmentierung wieder verhältnismäßig rasch, weil sie auch nicht lange gebraucht wird. Eine gesunde Haut läßt

sich in unseren Gegenden also eher an ihrer rosigen Frische mit leichter Tönung erkennen.

Wer nun meint, er müsse das ganze Jahr hindurch so aussehen, als würde er vier Tage in der Woche auf den Kanarischen Inseln verbringen, der überfordert meist seine Haut durch extreme Sonnenbestrahlung via Studio. Die Zellenbildung wird (auch durch extreme Sonnenbestrahlung im Sommer) zur Höchstleistung angetrieben; die Haut trocknet schneller aus und bildet Falten. Es kann sogar zu leichten Verbrennungen bis in die unteren Hautschichten kommen. Dies spricht nicht grundsätzlich gegen Höhensonne, aber gegen deren häufige Anwendung. Wegen einer unnatürlichen Haut-Mode (die früher «blaß» hieß und heute eben «braun – bräuner – ausgetrocknete Kakaohaut») werden die gesunden Wirkungen von frischer Luft und Sonnenschein (Abhärtung durch normale Pigmentierung, Bildung von Vitamin D, schnelleres Abheilen von Unreinheiten und Entzündungen, Durchblutungsförderung u.a.) leider zunichte gemacht. Eine gläubige Frau sollte nicht bei einer ungesunden Mode mitmachen, wozu beispielsweise auch das ständige Tragen von sehr hohen Absätzen gehört.

Phasen einer Ehe

Ich denke, wir können uns nun in etwa vorstellen, wie das «Ehe-Boot» funktioniert. Doch dürfte jedermann klar sein, daß eine solche Segelpartie in recht unterschiedliche Umstände kommen kann. Da kann ein Sturm aufkommen, ein Segel zerfetzen, Wellen können ins Boot klatschen oder undichte Stellen zum Vorschein kommen.

Gerade hier ist es wichtig, daß wir geschulte und verständnisvolle «Segler» sind, sonst ist die Chance gering, heil ans Ziel zu kommen.

Mit solch verschiedenen Umständen und Schwierigkeiten wollen wir uns nun beschäftigen, vor allem auch, indem wir einige Phasen, die eine Ehe durchmacht, betrachten.

Flitterwochen

«Das habe ich mir anders vorgestellt», meint Ruth resigniert, und schon rollen die ersten Tränen – keine 48 Stunden nach dem Hochzeitsfest!

Ruth und Ewald hatten sich einen Tag nach ihrer Hochzeitsfeier sogleich auf Flitterwochen-Reise begeben. Man war frohgelaunt losgefahren – wohl etwas müde, aber doch voller Vorfreude auf die Toscana. Im Laufe der «Autobahn-Stunden» war dann der Gefühlspegel unter Null gesunken. Die Hast des hochtourig laufenden Motors übertrug sich auf das junge Paar. Am italienischen Zoll dann Wartezeit. «Grüne Versicherungskarte» vergessen. Ein Hin und Her. Schließlich Weiterfahrt (besser gesagt:

Weiterhasten). Ankunft im gebuchten Ferienzentrum. Das Appartement noch nicht bezugsbereit. Keine Lust zum Spaziergang, um auch diese Wartezeit zu überbrücken. Gereiztheit, Erschöpfung. Schließlich Einzug im Appartement – kalter, unsichtbarer Tabakqualm hängt in der Luft; die Kloschüssel ist voller Urinstein mit entsprechenden Gerüchen; Geschirr muß nochmals gewaschen werden; Ewald öffnet die Fenster zum Lüften – kleine Stechmücken fliegen herein, und als Ruth schließlich den Abfalleimer öffnet und schimmelige Rückstände erblickt – da rollen die Tränen.

«Was kann ich dafür», erwidert Ewald gereizt, «du wolltest doch nach Italien, oder nicht?!» Ruths Tränen fließen nach diesem Einwand noch reichlicher. Wunderbare Flitterwochen...

Leider erleben manche frisch verheirateten Paare ähnliches.

Mit großen Erwartungen begann man eine Hochzeitsreise in die Fremde; man wollte viel sehen und erleben, nahm dabei vieles nur oberflächlich wahr, hatte keine Zeit zum Verarbeiten der Eindrücke, kam in Stress, es entstanden Erschöpfung und Gereiztheit. Resultat: die Freude der Flitterwochen war dahin.

Selbstverständlich kann man weite Hochzeitsreisen unternehmen, doch sollte man sich von vornherein über deren Gefahren klarwerden. Wer mit einer Reisegesellschaft reist, bei der *viel* Programm abläuft, der wird seine Flitterwochen nicht genießen können. (Wesentlich besser sind Reisen, bei denen – obwohl es geführte Gesellschafts- oder Studienreisen sind – bewußt Freiraum zur individuellen Gestaltung gewährt und kein «Besichtigungsstress» hervorgerufen wird.) Auch eine lediglich zweisame Reise in ein fremdes Land, in dem man sich nicht auskennt, ist nicht besonders gut geeignet für eine Hochzeitsreise.

Ein ähnlicher «Druck-Effekt» kann auch dann entstehen, wenn die Flitterwochen zur Einrichtung der gemeinsamen Wohnung dienen, zur Arbeit am neuen Heim. Dies sollte schon *vor* der Hochzeit geschehen.

Da die Flitterwochen ihre Bedeutung als «Anpassungszeit» haben, als Zeit, in der man sich besonders am Partner erfreut, ihn entdeckt, sich ihm aufschließt und sich gegenseitig erlebt, sollte man sie in einem friedlichen, stresslosen, entspannten Rahmen verbringen. Und das kann natürlich auch daheim – eben im neuen Heim sein, mit täglichen Ausflügen, kleineren freudigen Unternehmungen usw. Viele Paare berichteten mir über herrliche Flitterwochen zu Hause und eine wunderschöne «Hochzeitsreise» – ein halbes oder ein ganzes Jahr nach der Hochzeit!

In den Flitterwochen kann man vollumfänglich das anwenden, was man bereits an «Liebe lernen» eingeübt hat: das Glück des andern im Auge haben, Eigenheiten loslassen, schlechte Gewohnheiten ablegen und sich anpassen. Wer nicht bereit ist, sich anzupassen, ja, diesen Anpassungsvorgang ganz bewußt erleben zu wollen, ihn als positiv und wichtig zu sehen, der wird bereits in

den Flitterwochen Enttäuschungen erleben.

Wie wichtig eine positive Anpassungs-Haltung ist, wird ja schon in alltäglichen Nebensächlichkeiten deutlich:

Ab und zu erwache ich um zwei oder drei Uhr in der Nacht und bin hellwach. Nun könnte meine Reaktion so aussehen: Ich ärgere mich darüber, fördere meine Unzufriedenheit durch den Gedanken, daß ich ja bald wieder aufstehen muß; ich wälze mich im Bett von einer Seite auf die andere und versuche verzweifelt, wieder einzuschlafen. Was wäre die Folge davon? Vielleicht – aber nur vielleicht! – würde ich nach einer Stunde zermürbenden Kampfes tatsächlich wieder einschlafen, um dann am Morgen mißgelaunt und zerschlagen zu erwachen.

Ich habe aber gelernt, mich einer solchen Situation positiv anzupassen: Ich kann beispielsweise für jemanden beten oder über einen Bibelvers besonders nachdenken; manchmal stehe ich auch auf und freue mich auf eine wirklich ruhige, ungestörte stille Stunde. Befriedigt und froh kann ich dann wieder zu Bett gehen, um noch – gelassen und zufrieden – bis zum Morgen eine Mütze voll Schlaf zu kriegen. Noch nie fühlte ich mich dann am drauffolgenden Morgen mißmutig oder zerschlagen.

Es kommt oft anders, als man es sich vorgestellt hat – besonders in der Ehe. Üben Sie deshalb von vornherein gleich «positives Anpassen» in neuen Situationen; machen Sie das Beste daraus; versuchen Sie, die verdeckten Chancen zu erkennen. Viele Ehepaare sind nach den Flitterwochen frustriert wie nach einem Fehlstart, weil sie diese wertvolle Zeit nicht als Anpassungszeit verstanden und gelebt haben.

Weil *Ehe* ein lebendiger Organismus ist, stellen wir auch *Entwicklung fest:* gesundes Wachstum, wie beim Wachstum eines neugeborenen Kindes, womit wir auch die weiteren Ehephasen vergleichen wollen.

Kleinkindalter

Die Ehe in der Anfangsphase ist in der Regel davon geprägt, daß das Erleben sehr auf das «wir» und «uns» fixiert ist; genauso wie beim Kleinkind, das vor allem mit sich selbst beschäftigt ist und Freude daran hat, die ersten Laute zu jauchzen oder die ersten Schritte zu tapsen. Das Ehepaar erfährt die Freude des «Einsseins» – was sehr wichtig ist. Es gibt kein «Ich» und kein «Du» mehr, sondern nur ein «wir» und das «unser»: unser Heim, unser Auto, unser Geld, unsere Freizeit, unsere Sorgen, unser Sparbuch, unser Garten, vielleicht auch: unser Kind. Man ergänzt sich und erlebt das biblische Wort: *«Auch wenn zwei beieinander liegen, so wärmen sie sich gegenseitig; aber wie soll einer warm werden, wenn er allein ist? Und wenn man den einen angreift, so können die beiden Widerstand leisten; und eine dreifache Schnur wird nicht so bald zerrissen»* (Pred. 4,11 + 12).

Wer diese Phase ausläßt, wer sich nicht völlig mit seinem Ehepartner identifiziert, wer sich nicht als Einheit erlebt, wird schwerlich zu einer erfüllten Ehe kommen können. Wie ein Kind in einer gesunden Entwicklung «zu sich selbst» findet, so müssen auch Ehepartner «zu ihrer Ehe-Einheit» finden.

Grundsätzlich getrennte Kassen und Konten, «mein» und «dein» Auto, Eheverträge mit «meiner» und «deiner» Habe – all dies führt logischerweise nicht zu diesem wichtigen «Einheitserleben». Selbstverständlich müssen die Wurzeln dieser Phasen bis in die voreheliche Zeit reichen: in die Zeit des Sich-Kennenlernens, Sich-Akzeptierens, Sich-Identifizierens. Mir selbst steht heute, nach etlichen Ehejahren, die erhabene Freude noch klar vor Augen, als meine Frau und ich in unserer Verlobungszeit unseren ganzen materiellen Besitz «zusammenfügten» – auch wenn dieser recht gering war, so war es doch ein verbindendes Erlebnis, unsere Geldbeutel in einen gemeinsamen Topf zu entleeren.

Wie in anderen Bereichen auch, wird der positive Gehalt einer Sache durch das *Extrem* zunichte gemacht. So auch in dieser Ehe-Phase.

Es ist wichtig, daß sich das Ehepaar als Einheit erlebt. Doch gibt es ein Einheits-Erleben, bei dem der eine Partner den anderen ausschließlich als Teil von sich selbst erlebt. Dahinter verbirgt sich aber eine große Ichbezogenheit. Der andere Teil wird völlig «aufgesogen», «einverleibt», «aufgefressen». Ja, es kann sogar Ausdruck einer narzißtischen Liebe sein, einer Selbstverliebtheit, wobei man aber behauptet, daß

man sich mit besonderer Hingabe dem Partner schenke.

Für eine Ehe ist es folglich wichtig, daß sie weiterschreitet, in eine weitere Phase übergeht und damit wächst und reift. So kommen wir als nächstes zur Phase der «Kindheit», bei der sich ein positiver «Freiraum» abzeichnet.

Kindheit

Ein Kind lernt bald, sich mit der Umgebung auseinanderzusetzen, seine Umwelt zu erobern, sich der Realität des Lebens zu stellen. Es geht in den Kindergarten oder zur Schule und verbringt weniger Zeit zu Hause als im Kleinkindalter.

Auch eine junge Ehe erfährt, daß Mann und Frau verschiedenartig beansprucht werden. Wenn die Frau mehrere Kinder bekommt, sich der Haushalt vergrößert, steigt das Arbeitspensum an. Auch der Mann steht zu dieser Zeit oft in einer beruflichen Aufbauphase, die viel Energie und Einsatz erfordert. «Früher», klagte mir einmal eine enttäuschte Ehefrau, «unterhielten wir uns abendelang und taten fast alles gemeinsam. Heute verbringt mein Mann seine ‹Stille Zeit› sogar für sich allein, ist oft am Abend unterwegs, und wir gehen auch weniger zur gleichen Zeit schlafen.»

In einer Ehe wird es notwendigerweise Phasen geben, in denen man weniger Zeit füreinander hat, in denen man sich viele Tätigkeiten praktisch teilen muß, um Gemeinsames zu erreichen. Wichtig ist, daß die Ehepartner dies nüchtern erkennen und um so mehr die Chancen zur Zweisamkeit, zum «Lieben im Alltag» (vergl. «Kleine Aufmerksamkeiten» und «Bestätigung») ergreifen.

In einer Ehe schwebt man eben nicht auf einer luftigen Wolke zum Ziel. Wir müssen schwierige Phasen durchmachen, müssen lernen, wachsen, reifen.

Sicherlich besteht in dieser Phase auch die Gefahr, sich völlig «aufzuteilen», nur noch nebeneinander herzuleben und vor lauter Aktivität den *Grund* dafür zu vergessen.

Wir machen uns in unserem Ehe-Boot ja nicht um der Aktivität willen am Segel, an Tauen und Verankerungen zu schaffen, sondern weil wir segeln wollen, weil wir mit unserer Ehe ans Ziel kommen möchten.

Trotz aller notwendigen Aktivität ist es hier für Mann und Frau sehr wichtig, daß sie die von Gott gegebenen Aufgaben *aneinander* praktizieren!

Hier in der Kindheit wird es den Eheleuten bewußt, daß es Wegstrecken in der Ehe gibt, die man alleine gehen muß. Da gibt's individuelle Reifungsprozesse, die man persönlich durchzustehen hat. Und hier hat die Frau ihrem Manne und umgekehrt, den persönlichen Bereich zu überlassen, soll sich nicht einmischen. Hier soll man dem Partner auch sein Schweigen zubilligen, sein Schweigen, das zur Reifung führt (nicht von Egoismus und Bequemlichkeit gespeist ist).

Jeder bleibt – obwohl man Ehe-Einheit ist – ein einzigartiges Individuum. Und daher

kann auch keiner bis ins Tiefste wissen, wie der andere fühlt oder empfindet. Das kann oft zu einem Zustand führen, in dem man sich unverstanden fühlt. Daher ist es notwendig, daß die Eheleute wissen: Es wird stets ein Rest von Verständnislosigkeit bleiben, eine Unwissenheit aufgrund der wirklich großen Verschiedenheit zwischen Mann und Frau, dazu kommt die Andersartigkeit, die von Besonderheiten aus Erziehung, Umwelt oder Temperament herrührt. Durch ihre bewußte Eheschließung sind die Eheleute «eins» geworden. Eine Gefühlseinheit jedoch kann in einer Ehe-Einheit nicht erreicht werden, und braucht es auch nicht; denn durch diese Andersartigkeit bleibt eine gesunde Spannung bestehen, eine Herausforderung, sich immer wieder neu aufzuschließen, auf Entdeckungsreise zu gehen, die Erlebniswelt des Partners neu kennen und teilen zu lernen.

Freiraum

Meist haben die Eheleute gerade in dieser Phase ganz bewußt zu lernen, den Freiraum des andern zu akzeptieren. Man ist wohl eine Einheit, und doch bleibt man Individuum. Wie das Ruder unseres Segelbootes fest mit dem Boot verbunden ist, so muß es doch einen gewissen individuellen Freiraum haben, um funktionsfähig zu bleiben. Wäre das Ruder plötzlich fest an den Bootskiel geschmiedet, so wäre es unbrauchbar.

Ich habe vor allem bei Männern festgestellt: Nach einer gewissen Ehezeit merken sie plötzlich, daß ihnen einiges an Freiheit «verloren» ging. Wir müssen hier ganz realistisch bleiben. Durch eine Heirat wird in unsere (liebgewordenen) Eigenarten und Lebensgewohnheiten eingegriffen, unser persönlicher Lebensstil ins Wanken gebracht.

Nach meiner Heirat merkte ich, daß meine Frau nur bei offenem Fenster schlafen konnte – egal, ob es draußen lärmte oder stürmte – und ich war gewohnt, bei geschlossenem Fenster zu schlafen. Wir mußten uns nun nüchtern mit dieser Sachlage auseinandersetzen, uns gegenseitig helfen, wie wir unsere Gewohnheiten in Einklang bringen konnten. (Heute kann ich nicht mehr bei geschlossenem Fenster schlafen...)

Viele Männer rebellieren plötzlich gegen die Einengung ihrer Freiheit. Und dann beginnt ein zermürbender Kleinkrieg: Man versucht, soviel wie möglich an Freiraum zu erobern.

Dieser Kampf wird verstärkt durch gegenseitige Bevormundung. Vielleicht beugt sich ein Partner zähneknirschend unter dem Willen des andern. Doch wird dadurch Abneigung erzeugt. Durch Herrschsucht und Willkür des Mannes wird das Selbstwertgefühl der Frau verletzt und sie geht in die Abwehrstellung. Ihre Gefühle werden automatisch negativ. Wo die Frau nur gehorchen, wo nur die Meinung des Mannes gelten soll, da herrscht Willkür und Egoismus. Durch ihre Neigung zum Nörgeln wird andererseits das Selbstwertgefühl des Mannes verletzt, und er geht über zum Abwehrkampf.

Fragen Sie sich also, ob Sie nicht öfters in

freudiger Bejahung Freiraum geben sollten, statt einzuengen; schweigen, statt zu tadeln; Anerkennung zollen, statt mit Lob zu sparen. Warum sollte der Partner jenes Buch auch interessant finden, nur weil Sie fasziniert davon waren? Warum sollte der andere seine «stille Zeit» in Ihrem Beisein verbringen? Warum sollte er musizieren, wenn er gerne lesen möchte? Warum versuchen Sie, ihn zum Wandern zu bewegen, obwohl er heute doch lieber ausspannen möchte?

Dieser individuelle Freiraum führt nicht zum Auseinanderleben, sondern fördert den freiwilligen Wetteifer der Liebe, die Bedürfnisse des andern erforschen und stillen zu wollen. Dieser individuelle Spielraum, soweit er sich mit den Pflichten einer gemeinsamen Ehe vereinbaren läßt, schenkt dem einzelnen Wertgefühl und eine gesunde Eigenständigkeit. Man braucht nicht alles zusammen zu unternehmen.

«Ehe-Urlaub»

In das gleiche Kapitel gehört auch die Frage des «Ehe-Urlaubs». Es bekommt einem Partner gut, wenn er sich ab und zu einen Tag für sich alleine nimmt, einen Tag, an dem er zu sich selbst kommen und Persönliches in aller Ruhe und Stille bewegen kann. Hier kann er seine Situation überdenken und gerade auch im Blick auf seine Ehe eine neue Sicht bekommen, sich zur frischen Bereitschaft entschließen, wieder intensiver «lieben zu lernen». Bejahen Sie also solche Zeiten des Alleinseins bei Ihrem Ehegefährten.

Etwas ganz anderes sind Ehe-Ferien als Ehe-Flucht! Tage, an denen ein Partner das Gefühl hat, er müsse weg, sich in Abenteuer stürzen, Abwechslung suchen. Dies fördert weder den einzelnen noch die Ehegemeinschaft.

Rechthaberei

In der «Kindheitsphase» einer Ehe kann es zu Fehlentwicklungen in der Partnerschaft kommen. Schuld wurde nicht bereinigt, der Freiraum nicht in liebevollem Einverständnis gegenseitig gewährt. Daraus entsteht eine Ehe, in der kleine Sticheleien vorherrschen, in der man seine schlechten Gewohnheiten wuchern läßt wie Disteln auf einem unordentlichen Acker. ‹Es ist ja mein Recht, mich so zu verhalten.› Vorsicht: Von dem Zeitpunkt an, wo man sich auf seine Rechte beruft, geht es in der Ehe bergab. Aus einer solchen Einstellung entsteht eine Kampfsituation. Jeder will recht haben und behalten, jeder seine Meinung durchbringen. Jeder greift zu seinen Waffen, um zu dominieren. Die Frau schmollt, weint, versagt geschlechtliche Gemeinschaft, der Mann versprüht schlechte Laune, gibt sich gereizt, schweigt, zieht sich zurück oder versucht, mit kleinen Hänseleien über Aussehen und Verhalten den Partner zu verletzen – was auch stets gelingt!

Nichts mehr ist von der biblischen Aufforderung übriggeblieben «einander untertan zu sein» (Eph. 5,21). Die Meinung und der Wille des andern werden nicht mehr respektiert, und man gibt auch nicht mehr nach. Daraus entstehen immer größere negative Gefühle – bis es zu Vulkanausbrüchen, zu Groll und Bitterkeit kommt. Hier müssen Sie die Notbremse ziehen: vielleicht ein Gespräch mit einem Eheberater und das Erkennen der giftigen Disteln. Machen Sie sich z.B. auch bewußt, wo Sie in erster Linie negative Gefühle entwickeln: Wenn mein Ehegefährte mich um langweilige Dinge bittet? Wenn er mich auffordert, sparsamer zu leben? Wenn er mich bittet, mich geschmackvoller zu kleiden oder mit einer Gewohnheit zu brechen oder etwas zu tun, was ich sowieso tun wollte oder gewisse Dinge sofort zu tun, die ich lieber später tun würde? Oder wenn er mir zu verstehen gibt, daß er intim sein möchte oder ob ich phantasievoller in der körperlichen Liebe sein wolle? Decken Sie solche Situationen auf und reden Sie dann offen und ehrlich darüber.

Taktgefühl

Negative Gefühle entstehen auch durch Mangel an Taktgefühl.

Takt ist Ausdruck von Liebe. Wenn Liebe da ist, dann ist auch Taktgefühl da. Takt wirkt gründlich gegen gedankenlose, selbstsüchtige Rücksichtslosigkeit. Doch Taktgefühl zu entwickeln heißt Arbeit, oft Schwerarbeit. Es nützt nichts, wenn man plötzlich versucht, über mangelndes Taktgefühl «gute Formen» zu stülpen. So etwas hält nicht. Die gedankenlose Selbstsüchtigkeit frißt sich sehr schnell durch dieses formelle Kleid. Taktgefühl zu entwickeln be-

deutet, einen praktischen Kampf zu führen gegen Bequemlichkeit, Gereiztheit, Launen, Stümperhaftigkeit, Stimmungsschwankungen u.a.

Taktgefühl zeigen heißt: Beim Zuhören die Zeitung weglegen; beim Essen flinke Hände haben, um den anderen zu bedienen; einen Gang in den Keller für den anderen tun, eine schwere Tasche tragen, in den Mantel helfen, die Tür öffnen und den Vortritt lassen. Taktgefühl verhindert auch, daß man (im Gegensatz zu Luthers Zeiten) ungeniert «rülpst und furzet»; Taktgefühl verhindert, daß man die Klotür offenstehen oder die getragenen Socken auf dem Tisch liegen läßt. Taktgefühl bewirkt, daß man seine Frau vorstellt, wenn man mit ihr zusammen

einem Bekannten begegnet, daß man appe-
titlich ißt, daß man seiner Frau (mindestens)
beim Geschirrwegräumen hilft, daß man
die Kilos des kleinen Sprößlings selbst trägt
und bei einer Veranstaltung stets zuerst seine Frau einen Platz einnehmen läßt, bevor
man es sich selbst bequem macht. In vielen
christlichen Gemeinden herrscht gerade in
dieser Hinsicht bestürzende Taktlosigkeit.

Arbeits-Ehe

Eine andere Fehlentwicklung führt zur
Arbeits-Ehe. «Kaufet die Zeit aus», mahnt
Paulus in Eph. 5,16. Das heißt nicht, daß die
achtstündige tägliche Arbeit des Mannes
ein Problem ist, sondern es geht darum, die
zur Verfügung stehende Zeit richtig zu nutzen. Und dies ist stets eine Frage der Priorität.

Trotz getrennter Wegstrecke, trotz mancher notwendigen Arbeitsteilung bleibt die
Ehe eine Ehe-*Gemeinschaft*. Und da jede
Gemeinschaft vom Austauschen, vom Sich-
Mitteilen und Zuhören lebt, braucht
Ehe-Gemeinschaft *Zeit*. Gerade christliche
Ehen entwickeln hier eine erschreckend
sündhafte Gewohnheit. Da müssen Kinder
zuschauen, wie Papi und Mami nervös um-
herrennen, immer bestrebt, viel Arbeit zu
erledigen, an jedem Abend ein anderes
frommes Programm zu haben, in der «freien
Zeit» noch Gäste einzuladen, weil sie sich
vor der *Langeweile* fürchten (d.h., weil sie
das Gemeinschaftsleben verlernt haben
und so nichts mit sich anzufangen wissen)
und zwischendurch wird noch frommes Ge-

rede plaziert. Dabei sollten sie doch so ehrlich sein und akzeptieren, daß das ständige
Zu-Tun-Haben und Umhereilen ein Feind
der Ehe und Familie ist. O. L. Crain schreibt:
(zit. in Swindoll «Entfache das alte Feuer»):

Bremse mich, Herr!

*Beruhige mein klopfendes Herz und stille
meinen Geist.*

*Zügele mein Tempo mit einer Schau der
Ewigkeit.*

*Gib mir, inmitten des Wirrwarrs des Ta-
ges, die Ruhe der ewigen Berge.*

*Lehre mich die Kunst kleiner Ferien – das
Innehalten, um eine Blume zu betrachten,
mich mit einem Freund zu unterhalten,
einen Hund zu streicheln, einem Kind zuzu-
lächeln, ein paar Zeilen aus einem guten
Buch zu lesen.*

Bremse mich, Herr!

*Erinnere mich jeden Tag, daß es nicht un-
bedingt die Schnellen sind, die das Rennen
gewinnen, daß zum Leben mehr gehört als
nur die ständige Erhöhung der eigenen Ge-
schwindigkeit.*

*Laß mich die Eiche emporblicken und er-
kennen, daß sie so groß und stark gewach-
sen ist weil sie langsam und gut wuchs.*

Freunde und Bekannte

Zum Freiraum gehören auch die Beziehungen zu Freunden und Bekannten. Es ist
wichtig und wertvoll, wenn die Ehegefährten auch andere Freunde haben. Die Frau
eine Freundin, der Mann Freunde.

Schlechte Freundschaften sind solche,

die destruktiv wirken. Da gibt es beispielsweise Frauenfreundschaften, die einem Kriegsbündnis gegen den Mann gleichen. Da wird zusammen geklagt, genörgelt und gezetert. Daß dies ein sündhaftes Verhalten ist, dürfte klar sein. Die Freundin darf das Eheleben nicht stören! Es kommt auch nicht in Frage, daß die Freundin dem Manne vorgezogen wird. Zum Beispiel: Er nimmt sich einen Abend frei, um mit seiner Frau etwas zu unternehmen, aber ihr ist dies nicht möglich, weil gerade die Freundin «vorbeigekommen» ist (für den ganzen Abend). Einer Freundin, die diesen Namen verdient, muß man (wenn sie nicht selbst darauf kommt) in aller Freundlichkeit erklären können, daß man nun eine «Verabredung» hat, die man unbedingt einhalten möchte – mit dem eigenen Ehemann.

Auch bei einem Mann können Freundschaften Flucht sein, Flucht aus Enttäuschung, Langeweile oder sogar Rache (vgl. die «Kameraden» bei den männl. Rollenspielen).

Echte Freundschaften aber machen den einzelnen reicher und reifer für die Pflichten und Aufgaben des Lebens. Reifer auch für die Ehe. Frauen sollen «Lehrerinnen des Guten sein» (Tit. 2,3); wie viele wertvolle Freundschaften könnten unter diesem Aspekt entstehen!

Über solche Freundschaften wird sich der Ehepartner freuen, solche förderlichen Beziehungen wird er auch fördern. Destruktive Freundschaften sollte man schnellstens beenden!

Die Frage der «Freundschaft zwischen den Geschlechtern» bewegen wir unter dem Kapitel über «Ehebruch».

Jugend

Was irritiert einen oft an einem jungen Menschen in der Pubertät? Ist es nicht der Ausdruck seiner inneren Spannung, seines Kampfes, zu sich selbst zu finden? Sich mit klarem Blick zu erkennen? Es gibt eine Phase in der Ehe, in der unser Blick füreinander besonders geschärft wird, wo auch die letzten rosaroten Brillengläser in Brüche gehen und die Eheleute einander «erkennen», wie sie wirklich sind: mit ihren dunklen Stellen, üblen Gewohnheiten, Schwächen und Hindernissen, mit ihren charakterlichen Mängeln und verschrobenen Eigenarten und Denkweisen.

Die jugendliche Ehe erlebt eine Zeit der «Entschleierung», ja der Ent-Täuschung. Der Zauber des Ehegefährten, seine Taufrische geht verloren. «Damals», seufzt der Ehepartner, «wie war es doch damals so schön...» Und weil das Gefühl bei dieser «Entschleierung» mehr beteiligt ist als der gesunde Menschenverstand, sind es oft auch die Ehefrauen, die zuerst von diesem Gefühl der Enttäuschung überwältigt werden. Sie merken plötzlich, daß ihre Lieblingsschallplatte auch eine B-Seite, eine Rückseite hat, mit Melodien, die einem nicht so gefallen. Und sie machen den entscheidenden Fehler: ihre Augen der Liebe, die damals fast nur die Tugenden ihres Verehrten, seine

Vorzüge, seine Ritterlichkeit gesehen haben, sehen jetzt schärfer: allerdings die Unvollkommenheiten, die Unzulänglichkeiten, die charakterlichen Schwächen und Fehler des Mannes. «Wie hast du dich verändert!» wirft sie ihm vor. Er reagiert natürlich mit der Behauptung, er sei schon immer so gewesen, aber *sie*, ja, *sie* würde jetzt anfangen zu nörgeln, zu kritisieren und ihn abzulehnen.

Gerade hier ist es dann wichtig, dem Partner Spielraum zu gewähren, soweit es sich mit den Pflichten einer gemeinsamen Ehe verantworten läßt; gerade hier ist es wichtig, rücksichtsvoll zu sein und zu wissen, daß in der Ehe keine «Umerziehungsversuche» gestartet werden dürfen, daß auch keine «Umerziehung» mehr möglich ist, nur noch eine Umstellung aufgrund freiwilliger Liebe.

Unser natürlicher Mensch, sagt die Bibel, ist sündhaft und bleibt zu jeglicher Schandtat fähig. Das müssen auch Eheleute voneinander erkennen. Und da gibt's sehr oft diese Ent-Täuschungen. Doch enttäuscht kann nur werden, wer sich einer Täuschung hingegeben hat. Es gilt also, nicht jener Täuschung zu erliegen, die uns vorgaukelt, wir (oder unser Ehepartner) seien grundsätzlich «gut». «Niemand ist gut als nur Gott allein», sagt Jesus in Lukas 18,19.

So stehen wir als Eheleute tatsächlich «nackt» voreinander, ohne «Feigenblätter», die unsere Schwächen und Mängel verdecken. Feigenblätter haben es an sich zu verdorren und abzufallen. Um so wichtiger

ist es dann – um bei diesem Bild aus 1. Mose 3 zu bleiben – daß wir uns mit den Opfertier-Fellen Gottes bekleiden lassen. Gottes Vergebung annehmen und dem Partner weitergeben; Gottes Liebe empfangen und weiterreichen...

Beim nüchternen Entdecken der Mängel des andern, braucht es viel Feingefühl, Takt und ehrfürchtige, bewußte Liebe, um den andern nicht zu verletzen, um nicht die Achtung voreinander (und vor sich selbst) zu verlieren.

Eheleute müssen hier äußerst wachsam sein, daß es nicht zu einer kritischen Zweiheit kommt, sondern daß auch die unschönen Seiten des Partners bewußt in die liebende Einheit der Ehe miteinbezogen werden.

Es braucht hier Bereitschaft, voneinander lernen zu wollen, aber auch Geduld und vor allem Toleranz gegenüber der Begrenztheit des Ehepartners. Es bedarf eines neuen, bewußten Akzeptierens auch der Schwächen des Ehegefährten.

Im ersten Ehejahrzehnt muß vieles verarbeitet werden – genau wie beim pubertierenden jugendlichen Menschen. Diese Ehephase ist wichtig. Werden die Probleme und Spannungen einfach verdrängt (z.B. durch Flucht in die verschiedenen Aktivitäten) oder verschwiegen, verliert eine Ehe ihr Einheits-Erleben. Die Ehegemeinschaft kann wohl äußerlich erhalten bleiben (wobei auch hier oft der Grund zu außerehelichen Beziehungen zu finden ist), doch die tiefe innere Einheit geht verloren.

Wie bei einem jugendlichen Menschen werden auch in einer jugendlichen Ehe entscheidende Weichen gestellt. Deshalb sollten sich Eheleute, die ihre «jugendliche Ehephase» erleben, im besonderen orientieren, sich beraten lassen und auch seelsorgerliche Hilfestellung annehmen. Ein Jugendlicher, der in seiner Jugend zu stolz ist, sich Rat zu holen, wird in seinem späteren Leben genauso unter den entsprechenden Folgen zu leiden haben wie Eheleute, die in der jugendlichen Phase zu stolz sind, sich beraten zu lassen. Wie oft hätte eine andere Weichenstellung in dieser Zeit eine bleibende Störung der Ehe verhindern können!

Wie ein Jugendlicher im besonderen suchtgefährdet ist, weil er die Spannungen seines Lebens entladen möchte, so ist es auch die jugendliche Ehe. Gewöhnt man sich daran, Spannung zu entladen, indem man sich einfach sexuell zu betätigen sucht oder noch mehr arbeitet, um sich noch mehr leisten zu können (neue Möbel, Autos, technische Raffinessen, Urlaubsreisen) oder sich einfach «benebelt» mit irgendwelchen Aktivitäten, Vergnügungen oder Unternehmungen, so wird dies schlimme Folgen für die Zukunft einer Ehe haben. Die Ehe wird leer und oberflächlich, die «Süchte» dagegen werden stärker, fordernder und lassen die Ehe in eine *Abhängigkeit* geraten, die zerstörerisch wirkt.

«Unsere Mutter und Schwiegermutter pflegte zu sagen, daß jede Ehefrau ihren Mann mindestens zweimal bewußt heiraten muß, einmal am Hochzeitstag und dann noch einmal, nachdem sie ihm und er ihr in der Ehe vergeben habe. Jede Frau kommt zu dem Punkt, an dem sie ihren Mann als hoffnungslos aufgibt. An diesem Punkt macht sie einen neuen Entschluß, zu ihm noch einmal ‹Ja› zu sagen, obwohl sie jetzt erfahren hat, daß er ein hoffnungsloser Fall ist. Die Kraft zu diesem erneuten ‹Ja› erhält sie von Jesus Christus, der seine Feinde liebte und für sie starb. Außerhalb dieser Gesinnung des Christseins wird keine Frau die Kraft auftreiben, bewußt und in Liebe ihrem Mann innerlich treu zu sein. Die gleiche Praxis muß auch der Mann seiner Frau gegenüber ausüben ... ein Ehepaar muß immer wieder ‹Ja› zueinander sagen, auch wenn jeder Partner weiß, daß der andere hoffnungslos ist. Denn jeder, der erkannt hat, daß er ein Sünder ist, weiß, daß er persönlich ebenso hoffnungslos ist» (Prof. Dr. A.E. Wilder-Smith in Kunst und Wissenschaft der Ehe, S. 28).

Lieben oder Verklagen?

In fast jeder Ehe kommt es dazu, daß ein Partner das Gefühl hat, zu kurz zu kommen. Man hat sich ja so vieles ganz anders vorgestellt. Und nun erlebt man den Duft des Bratens aber auch der Windeln, den zärtlichen Blick und den zusammengekniffenen Mund, die zuvorkommende Höflichkeit und die egoistische Trägheit. Die Schwächen sind unübersehbar: «Ich weiß, daß in mir, das ist in meinem Fleische, nichts Gutes wohnt» (Paulus in Röm. 7,18). Wie reagiere ich auf diese geoffenbarten Fakten? Welche

Haltung nehme ich meinem Partner gegenüber ein? Grundsätzlich gibt es auch hier eine biblische, gottgewollte und eine sündhafte, satanische Reaktion. Satan, der Gegenspieler Gottes, wird in Offenbarung 12,10 der «Verkläger der Brüder» genannt, also ein Staatsanwalt, der Tag und Nacht die Sünden und Fehler des Angeklagten vor dem Richterstuhl kundtut. Wohlgemerkt: mit Recht! So hat denn kein Angeklagter eine auch nur geringe Chance, aufgrund seiner persönlichen Fakten freigesprochen zu werden: «Nichts Gutes ...» muß die objektive Feststellung lauten.

Jesus Christus erscheint uns in der Bibel als Heiland, Retter, als Rechtsanwalt. Da er selbst die Schuld bezahlt und damit die Schuldfrage geklärt hat, kann sich der Angeklagte der Verdienste seines Rechtsanwaltes bedienen und der anklagende Staatsanwalt hat keine Angriffsfläche mehr: «Ist Gott für uns, wer mag wider uns sein. Welcher sogar seines eigenen Sohnes nicht verschont, sondern ihn für uns alle dahingegeben hat, wie sollte er uns mit ihm nicht auch alles schenken? Wer will gegen die Auserwählten Gottes Anklage erheben? Gott, der sie rechtfertigt? Wer will verdammen? Christus, der gestorben ist, ja vielmehr, der auch auferweckt ist, der auch zur Rechten Gottes ist, der uns auch vertritt?» (Röm. 8,31–34).

Anhand dieser biblischen Fakten läßt es sich leicht feststellen, welcher Art meine Reaktionen sind, auf welche Seite ich mich mit meinem Verhalten stelle: werde ich zum Ankläger oder zum liebenden Rechtsanwalt?

Es gibt Ehepartner, die versuchen (meist ganz unbewußt), ihrem Gefährten ein schlechtes Gewissen zu bereiten. Mit kleinen Bemerkungen über das eigene Zu-Kurz-Kommen, mit heimlichen, anklagenden Blicken wird eine Atmosphäre der Anklage geschaffen, in der sich der andere Partner natürlich höchst unwohl fühlt. Auch wenn bestimmte Anklagen zu Recht bestehen: das Bereiten eines schlechten Gewissens führt nie zu einer befriedigenden Lösung. Der Rechtsanwalt Jesus handelt ganz anders: Er nimmt die Dinge, die falsch liegen, wohl klar und unbeschönigt zur Kenntnis und nennt sie beim Namen, doch seine Reaktion heißt: Geborgenheit, Schutz, Vergebung. Bei ihm kann man sich wohl fühlen, genauso bei einem Ehepartner, der versucht, dem andern Mut zu machen, ihn durch eigene Liebe und Vergebungsbereitschaft anzuspornen, statt zu versuchen, beim andern ein schlechtes Gewissen heraufzubeschwören.

Der Erwachsene

Ein erwachsener Mensch zeichnet sich durch Reife aus, durch Weisheit, Ausgeglichenheit, Erfahrung und Beständigkeit. Diese Eigenschaften machen auch die «gereifte Ehe» aus. Man hat Tiefen und Höhen miteinander durchgestanden, lieben gelernt – auch ohne Gefühl – wurde dadurch in Liebe und Treue beständig; man weiß, was Span-

nung heißt und wie man gemeinsam Konflikte löst; man hat seine Weichen richtig gestellt und kann auch andere beraten und ihnen helfen. Man weiß, daß man stets in seine Ehe zu investieren hat und daß Stürme und hohe Wellen sein müssen.

Doch heißt «Erwachsensein» noch lange nicht «am Ziel sein». Nein, ein Erwachsener soll sich ja vor allem dadurch auszeichnen, daß er als Vorbild dienen kann, wie man in rechter und erfolgreicher Weise aufs Ziel zusteuert.

So gibt es auch in der gereiften Ehe Probleme und Konflikte. Wichtig ist, daß man nicht aufhört, diese biblisch zu lösen, daß man sich seiner Verantwortung als Vorbild in Familie, Gemeinde und Gesellschaft bewußt ist.

So wird die gereifte Ehe zu einem Hort, in dem die vielleicht schon jugendlichen Nachkommen klare Wegweisung und helfendes Vorbild erleben.

Das Alter

Im Alter werden jene Eigenschaften, die das ganze Leben gepflegt wurden, besonders deutlich. Wie oft erkennt man in den Gesichtszügen eines älteren Menschen die lebenslange Unzufriedenheit und Bitterkeit. Andererseits ist es aber auch höchst ermutigend, ältere Menschen zu sehen, die den Frieden Gottes ausstrahlen, in dem sie ihr Leben lang geborgen waren. Welch schönes Antlitz besitzt doch eine alte Mutter, die in frohem Gottvertrauen Glaubensschritte

gewagt, bewußt geliebt und ihr Leben nach dem Plane Gottes ausgerichtet hat!

Die ältere Ehe darf ein großes Vorrecht haben: Abglanz eines erfüllten Lebens zu sein!

Ehepaare, die nicht bereit waren, immer wieder an ihrer Ehe zu arbeiten und gemeinsam alle Stürme durchzustehen, kommen niemals zu einer solch reifen, erfüllten Ehe.

Wieder «kinderlos»

Die Substanz einer Ehe wird oft erst richtig deutlich, wenn die Kinder aus dem Hause sind. Da bleibt plötzlich «nichts mehr übrig». Man begrub schon vor langer Zeit das eheliche Einheits-Erleben im steinigen Boden der Arbeit *für* den Ruhestand und vergaß die Arbeit *für* die Ehe.

Wenn die Küken aus dem Nest sind, kann ein Ehepaar die kommende Zeit als großes Geschenk annehmen und wieder mehr Zeit investieren, um gemeinsam am Reich Gottes zu bauen, um gemeinsam nach Gottes Plan zu leben, um neue Höhen ehelichen Lebens zu entdecken. Es kann aber auf der anderen Seite den Weg der Einsamkeit und Bitterkeit gehen, sich an alten «Süchten» (wozu auch die Kinder gehören können) festklammern und so seine Chance eines erfüllten, langen Ehelebens verspielen.

Realität akzeptieren

In der DDR erzählte man sich einen Witz über das kommunistische Zentralkomitee der Sowjetunion, das ja bekanntlich überaltert ist: «Die Geschäftsordnung der letzten ZK-Versammlung lautete:

1. Hereintragen der Genossen
2. Anschalten der Hörgeräte
3. Anwerfen der Herzschrittmacher
4. Wahl des Beerdigungs-Komitees
5. Gemeinsames Lied (im Sitzen): ‹Wir, die junge Garde›.»

Das, liebe Freunde, ist sogenannter «Realitätsverlust»; denn dieser letzte Punkt der «Geschäftsordnung» würde auf ein Nicht-Akzeptieren der Realität hinweisen...

Für alternde Ehepaare ist es wichtig, daß sie die Realität akzeptieren. Älterwerden bringt manche Unannehmlichkeit mit sich. Der Rücken beugt sich, die Brillengläser werden dicker, die Glieder sind steif, man sagt öfter «Wie bitte?», weil das Gehör schlechter wird, oder man leidet an Gedächtnisschwund, die Männer an der Prostata und die Frauen an Kreislaufbeschwerden. Es ist keine Schande, älter und gebrechlich zu werden. Es liegt aber in unserer Verantwortung, ob wir unzufrieden, stur und bitter werden; ob wir versuchen, die Realität zu verschleiern. Es ist dumm, wenn sich ältere Männer an jüngeren Frauen «zu beweisen» suchen, oder wenn sich Omas wie 18jährige Gymnasiastinnen kleiden. Eine ältere Frau kann Würde und Schönheit ausstrahlen, aber mit Sicherheit nicht dann, wenn sich Krampfadern und Minirock paaren. Der Altersunterschied wird dadurch nicht überbrückt – eher vergrößert.

«Der schönste Tag meines Lebens war, als ich aufhörte zu versuchen, zwanzig Jahre jünger auszusehen, als ich wirklich bin, und beschloß, mich selbst zu sein. Gott hat meinem silbernen Haar besondere Schönheit verliehen», bemerkte eine Frau, die sich weigerte, einer Illusion nachzujagen (Swindoll).

Gerade im Alter bedarf es aber auch der Hilfeleistung des Ehegefährten. Die Frau, deren körperliche Schönheit dahinschwindet, braucht um so mehr die Bestätigung ihrer Persönlichkeit durch ihren Ehemann, wie auch umgekehrt.

Gott hat auch für Ihr Alter einen optimalen Plan entworfen und somit für Ihr Eheleben neue Aufgaben und neue Wege des Einheits-Erlebens erdacht. Nehmen Sie diese Chance wahr!

Kleine Füchse im Weinberg

«Fanget uns die Füchse, die kleinen Füchse, welche die Weinberge verwüsten; und unsere Weinberge stehen in Blüte!» (Hohelied 2,15).

Nach diesem groben Phasen-Überblick wollen wir uns besondere Schadstellen anschauen, die unserem Ehe-Boot auf seiner Fahrt zum Problem werden können; denn

ein Segelboot, auf seiner Fahrt durch Wind und Wellen, wird zwangsweise in Mitleidenschaft gezogen. Da blättert die Farbe ab, da wird ein Tau brüchig und muß ausgewechselt werden, oder es tritt sogar eine undichte Stelle im Boot auf. Diese muß repariert werden, sonst sinkt das Boot, langsam zwar, aber stetig. Viele Ehepaare bemühen sich verzweifelt, das eindringende Wasser immer wieder auszuschöpfen. Das ist ein Kraftverschleiß, der nichts bringt. Man muß das Leck abdichten!

Dies ist ratsamer und – obwohl im Augenblick schwieriger – im Endeffekt doch leichter und kräftesparender.

Wir sollen die Zeit auskaufen, sagt die Bibel. Ein Leck, das man nicht flickt, vergrößert sich. Ihre Ehe leben Sie nur *einmal* – machen Sie sich also an die Arbeit!

Bei den folgenden Problemsituationen wollen wir das Augenmerk immer wieder auf die ursächlichen «Lecks» richten, die zum großen Teil in unseren Grundbetrachtungen bereits genannt wurden. Viele Eheprobleme lassen sich sicher lösen, wenn sich die Eheleute gemeinsam aufmachen und die im vorhergehenden dargestellten Prinzipien neu in Angriff nehmen und verwirklichen. Doch auch die kleinen undichten Stellen müssen abgedichtet werden. Dieses «Handwerk» sollten Sie und Ihr Ehepartner unbedingt erlernen! Deshalb wollen wir häufig auftretende Eheprobleme nun konkreter betrachten und auf die Lösung hinweisen.

Lassen Sie uns die verschiedenen Probleme ebenfalls in unser Bild des «Ehe-Segelbootes» einordnen.

«Ehe wird im Festgewand geschlossen – gelebt werden muß sie aber im Alltagskleid.»

Zur Lösung von Eheproblemen

Als Leitsatz dient uns der Vers aus 1. Joh. 1,7: *«Wenn wir aber im Lichte wandeln, wie er im Lichte ist, so haben wir Gemeinschaft miteinander, und das Blut Jesu Christi, seines Sohnes, reinigt uns von aller Sünde.»*

Im Lichte wandeln

Im Lichte wandeln heißt, sich nicht mehr zu verstecken, Gott zu bitten, uns so sehen zu lassen, wie er uns sieht, so, wie wir wirklich sind. Wenn's in einer Ehe klemmt, dann müssen wir stille und ehrlich werden. Jeder der Ehepartner muß zuerst für sich akzeptieren, daß die Ehe-Misere, in der man steckt, die Folge gegenseitigen Fehlverhaltens ist. In dem Augenblick, in dem man dem anderen die «Schuld» vorrechnet: «du hast da und dort größere Schuld...», in dem Augenblick verbaue ich mir eine echte Problemlösung. *Wir* haben uns da hineinmanövriert! Diese innere Haltung müssen Sie zuerst einnehmen.

Bitten Sie Gott, daß Sie sich selbst nichts mehr vormachen. Ich habe Ehen erlebt, bei denen bereits die ganze Umwelt von der Misere sprach, und der Mann beharrte immer noch auf dem Standpunkt, seine Ehe sei schon in Ordnung.

In dem Augenblick, in dem Ihr Partner die Ehe als gestört empfindet, *ist* sie gestört! Ehe ist ja, wie wir schon gesehen haben, ein Organismus von zwei einsgewordenen Individuen. Leidet ein Teil, so leidet mindestens eine ganze Hälfte des Organismus, und wer wagt zu behaupten, ein Organismus sei gesund, wenn die eine Hälfte davon krank ist? Wenn Sie als Mann meinen, Ihre Ehe sei in Ordnung, obwohl Ihre Frau die Störung bis in ihr tiefstes Inneres empfindet, dann wandeln Sie nicht «im Lichte». Dann sollten Sie über Ihr defektes Empfinden erschrecken, das Ihnen diese Tatsachen verschließt. Sie sollten auch aufhören, Probleme zu verdrängen oder mit mehr oder weniger geistreichen Argumenten von «allgemeiner Abnutzung» zu reden. Werden Sie ehrlich zu sich selbst!

Weichen Sie einer Ehe-Misere nicht aus. Sie ist die Chance zu einem vertieften, reiferen Eheleben. Und denken Sie daran: Sie müssen zuerst bei Ihnen anfangen, d.h. bei Ihren Vorstellungen, bei Ihren Verhaltensmustern, bei Ihrer Liebesfähigkeit. So bedarf eine Ehe-Therapie zuerst stets der Einzel-Therapie im Lichte Gottes.

Seien Sie ehrlich zu Ihrem Ehepartner. In dem Augenblick, in dem Sie sich entschließen, etwas gegen Ihren «sinkenden Ehe-Kahn» zu tun, müssen Sie dem Partner gegenüber ehrlich und offen zu verstehen geben: «Ich will auch dir gegenüber ganz ehrlich sein, ohne dich zu verletzen, ehrlich im Bewußtsein, daß ich schuldig geworden bin» – in dem Augenblick wird die Bahn frei sein für den nächsten Schritt:

... haben wir Gemeinschaft miteinander

Der stärkste Ausdruck von seelisch-geistiger Gemeinschaft ist das tiefe Gespräch.

Wenn wir mit Gott Gemeinschaft haben, so heißt dies, daß er zu uns redet (durch sein Wort) und wir mit ihm reden dürfen (durch Gebet). Gemeinschaft, Gespräch heißt also Reden und Zuhören, heißt Sich-Mitteilen und die Mitteilung des andern aufnehmen. Das Gespräch gehört zu den entscheidendsten Aspekten bei Problemlösungen in der Ehe.

In Ehen, in denen das gemeinsame Gespräch abstarb, sind auch Problemlösungen nicht mehr möglich.

Gerade weil ein Gespräch so wichtig und hilfreich ist, wird es auch von schwerwiegenden Gefahren bedroht, mit oft unscheinbaren Pfeilen beschossen, die kleine aber folgenschwere Wunden hinterlassen.

Was sollten wir beim Gespräch beachten?

Gespräch bedeutet Sich-Mitteilen
Sich-Mitteilen ist für viele alles andere als ein Bedürfnis. Gerade introvertierte Menschen haben große Mühe, sich mitzuteilen. Für diese Leute beginnt das Sich-Mitteilen mit einem Entscheidungsakt: «Ich will mich mitteilen, auch wenn's mir kein Bedürfnis ist.»

Schweigen braucht nicht nur Egoismus zu sein («Wofür ich kein Bedürfnis empfinde, das tu ich auch nicht...»), sondern kann auch als gemeine Waffe dienen. Wer schweigt, steht in Gefahr, daß er seinen Partner (vielleicht unbewußt) bestrafen, Rache nehmen oder an einer empfindlichen Stelle treffen möchte. Das Schweigen Gottes war im Alten Testament stets ein Zeichen des Gerichts für das Volk Israel. Das Sich-Nicht-Mitteilen Gottes war Strafe für das widerspenstige und götzendienerische Israel. Wer seinem Partner gegenüber schweigt, spielt sich als Richter auf, setzt sich an Gottes Stelle und mimt den Selbstgerechten. Daß dadurch der Schweigende nicht nur eine verwerfliche pharisäische Haltung einnimmt, sondern auch jegliche Problemlösung verhindert, dürfte klar sein. Schlimm dabei ist, daß dieser Pharisäer-Schweigende meistens meint, er sei im Recht, er hätte allen Grund dazu, den andern «zappeln» zu lassen und ihm Vorwürfe zu machen. Lieber schweigender Freund, beeile dich bitte, den Balken aus deinem Auge zu ziehen, dann mögest du auch den Splitter aus dem Auge deines Partners entfernen!

Gespräch bedeutet Zuhören

«Wer antwortet, bevor er gehört hat, dem ist es Torheit und Schande» (Sprüche 18,13). Gerade dann, wenn man bestrebt ist, an seiner Ehe zu arbeiten, ist das rechte Zuhören unerläßlich. Der Sinn des Gesprächs besteht ja darin, dem andern wirklich zu begegnen, den andern kennenzulernen. Nur wenn Sie sich dieses Ziel zu eigen machen, werden Sie zuhören können.

Erinnern Sie sich noch an so manche Situation in der Kindheit, als Sie einen Erwachsenen etwas fragten und eine tadellose Antwort erhielten – auf eine ganz andere Frage?! Wie enttäuscht waren Sie da! Auch wenn Sie als Erwachsener merken, daß man Ihnen nicht wirklich zuhört, heißt das

für Sie «Enttäuschung» und «Frustration». Nur wenn Sie einem andern zuhören, kommen Sie in wirklichen Kontakt mit ihm; nur dadurch können Sie echten Anteil am Leben des Partners nehmen. Zuhören ist der Schlüssel zum Verständnis, die Tür zum Herzen der anderen Person.

Echtes Zuhören ist *nicht* möglich:

– wenn Sie von vornherein zu wissen glauben, was der andere sagen wird;

– wenn Sie schon von vornherein ein Urteil oder eine «Diagnose» über den andern gefällt haben;

– wenn Sie versuchen, nur das zu hören, was Sie hören wollen (unweigerlich werden Sie dann Aussagen so verdrehen, daß Sie das mitteilen, was Sie hören möchten, oder Sie legen dem Gesprächspartner andere Worte in den Mund);

– wenn Sie den andern nicht «ausreden lassen» oder ihm keine Zeit dazu geben, seine Gedanken zu formulieren;

– wenn Sie sich während Ihres «Zuhörens» schon die eigene Antwort überlegen und zurechtlegen;

– wenn Sie dem andern Ihren Willen aufzwingen wollen;

– wenn Sie nicht bereit sind, den andern grundsätzlich als Mensch mit seiner Eigenart wertzuschätzen und zu akzeptieren;

– wenn Sie sich nur um sich selbst drehen!

Echtes Zuhören ist ein wohltuender Ausdruck von Liebe!

Der Inhalt des Gesprächs

Sie möchten sich mitteilen, Sie möchten auch zuhören. Doch wie können Sie ein fruchtbringendes Gespräch beginnen, das nicht gleich nach den ersten Worten wieder in Schweigen oder Streit endet? Eine große Hilfe dürfte es sein, wenn beide Ehegefährten übereinkommen, einmal in aller Ruhe und Gelassenheit einander Fragen zu stellen und Antworten zu geben.

G. A. Getz empfiehlt dazu: «Du kannst zum Beispiel sagen: ‹Ich habe dieses Buch gelesen... und der Autor schlägt darin vor, daß man seinem Partner einige Fragen stellt, damit man mehr über sich selbst und seine Beziehung zum Partner erfährt. Ich habe nach einer Gelegenheit gesucht, dir diese Fragen zu stellen. Darf ich sie dir jetzt stellen, oder würde es dir ein anderes Mal besser passen?› Die Reihenfolge, in der diese Fragen angeordnet sind, ist wesentlich. Sie fängt mit solchen an, die weniger ‹bedrohlich› sind, um dann zu solchen überzugehen, bei denen es schon etwas brenzliger werden könnte. Es ist wichtig, diese Reihenfolge einzuhalten. Das wird dem Fragenden wie dem Antwortenden helfen, um so feinfühliger, ehrlicher und weniger verschlossen zu sein.

Fragen an den Partner

1. Wenn du eine Sache nennen könntest, die dir an mir am meisten gefällt, was wäre das?

2. Worin liegt deiner Meinung nach meine größte Stärke?

3. Was kann ich dazu beitragen, daß du mehr Erfüllung erlebst?

4. Welche Sache in bezug auf meine Persönlichkeit oder auf mein Verhalten macht dir gefühlsmäßig am meisten zu schaffen?

5. Wenn du etwas bei mir verändern könntest, was wäre das?

Zu beachten: Wichtig ist, daß man die Antworten auf diese Fragen nicht beim erstenmal durchdiskutiert. Höre einfach hin, was für Antworten dein Partner gibt. Ihr braucht beide Zeit, um nachzudenken und um euch um Objektivität zu bemühen. Es ist sehr wichtig, daß du noch nicht darauf antwortest, was dein Partner sagt, auch wenn du es möchtest, besonders im negativen Sinne. Versuche auch, nichtverbale Reaktionen zu vermeiden, wie zum Beispiel entrüstet auf die Seite schauen oder überhaupt wegschauen. Nimm eine positive Haltung ein. Versuche, soviel als möglich zu hören, damit du wirklich verstehst, wie dein Partner denkt und fühlt.»

Und Ch. Swindoll empfiehlt: «Am besten reservieren Sie sich einen ganzen Abend. Sie können zu Hause bleiben, spazierenfahren oder sogar irgendwo übernachten. Der Ort ist nicht besonders wichtig, aber Sie müssen allein sein, damit Sie nachdenken, sich unterhalten und ohne Unterbrechung zusammensein können.

1. Verbringen Sie mindestens fünfzehn Minuten lang in der Stille. Denken Sie an vier Dinge, die Ihnen an Ihrem Partner besonders gut gefallen, und schreiben Sie sie auf. Hören Sie sorgfältig aufeinander.

2. Gebrauchen Sie 1. Petrus 3,1–7 als Leitfaden und geben Sie einen Charakterzug oder eine Gewohnheit zu, die Sie gern mit Hilfe des Herrn ändern würden. Erklären Sie Ihre Bereitschaft, sich in diesem Bereich von ihm ändern zu lassen.

3. Bevor Sie zu Bett gehen, setzen Sie sich mindestens zwei Hauptziele für Ihre Ehe. Beten Sie zusammen und bitten Sie Gott, daß diese Wirklichkeit statt nur ein Traum werden mögen.

4. Nachdem Sie all das getan haben, geben Sie einander die Listen mit den vier Dingen, die Sie besonders am andern Partner schätzen. Behalten Sie sie, und überprüfen Sie sie mehrere Male an jenem Abend und in der folgenden Woche.

Wenn Sie so etwas schon lange Zeit nicht mehr gemacht haben (Manche von Ihnen werden es wahrscheinlich noch nie getan haben), wird es vielleicht etwas peinlich sein. Aber wenn man erst einmal angefangen hat, aufrichtig miteinander zu sein, echt miteinander zu kommunizieren, dann wird man dafür keinen Ersatz mehr akzeptieren.»

Der Zeitpunkt des Gesprächs

«Jedes Ding hat seine Zeit», sagt der Prediger. Auch das Gespräch, um Eheprobleme zu lösen. Es ist nicht die rechte Zeit dafür, wenn der Ehegatte gerade abgekämpft von einer Dienstreise zurückkehrt oder die Gattin vor einem Berg Bügelwäsche steht, das Dampfbügeleisen in der Hand. Entwickeln Sie auch hier Empfinden. Es kann besser sein, ein Gespräch zu verschieben. Hüten Sie sich aber davor, es stets vor sich herzuschieben. Planen Sie mit beiderseitigem Einverständnis ein Gespräch ein. Dann können Sie sich innerlich auch darauf vorbereiten, eine positive Haltung einnehmen, dafür beten.

Die Art des Gesprächs

«Eine linde Antwort stillt den Zorn» (Spr. 15,1)

Bestimmt hat jeder schon eine Situation erlebt, wo ein Wort das andere herausforderte, und schon entbrannte ein Streitgespräch. Dabei muß man sich bewußtwerden, daß zornige, im Streit unüberlegt ausgesprochene Worte, wie giftige Pfeile sind, die ich auf meinen Partner abfeuere.

Es ist daher wichtig, daß wir bei der *Sache* bleiben, und uns nicht gegen die *Person* wenden. Wer im Zorn sagt: «Du bist einfach widerlich», der fügt seinem Partner tödliche Wunden zu. Wunden, die nur sehr schwer wieder heilen können.

Gespräche rund um Eheprobleme zu führen, erfordert großes Taktgefühl. Geben Sie Ihrem Partner zu verstehen, daß Sie seine Gefühle respektieren und daß Sie alles tun, um Ihre eigenen negativen Empfindungen im Zaum zu halten. Sie wollen ja Ihren Partner nicht unnötig mit giftigen Pfeilen beschießen.

Der Ort des Gesprächs

Eheprobleme sollen Sie unter vier Augen lösen! Nicht in der Öffentlichkeit oder vor den Kindern! In der Öffentlichkeit lassen sich keine Probleme lösen, hier werden nur neue entfacht, hier kann man nur verletzen, streiten, unfaire Waffen gebrauchen.

Ich werde innerlich immer sehr verlegen, wenn beispielsweise ein Mann unter Beisein von Dritten seiner Frau gegenüber sarkastisch wird. Dieser öffentliche, beißende Sarkasmus ist nichts anderes, als eine gemeine Waffe, seine Frau tief zu verletzen. Es ist die Sünde der Bosheit in Reinkultur!

Doch auch Spott und Hohn bewirken dasselbe. Obwohl die Motive eines Mannes, der sich im größeren Kreis über seine Frau lustig macht, nicht Bosheit sein müssen, so verletzt er doch die Partnerin tief. Der Spötter will sich auf Kosten des anderen in den Vordergrund stellen. Er will zeigen, wie hoch er über solchen Dingen, die er mit seinem Spott überhäuft, steht, wie erhaben und «groß» er ist. Daß die spottende Überheblichkeit aber das Zeichen eines schwachen, stolzen, unsicheren und lieblosen Innern ist, dürfte klar sein.

Führen Sie Ihr Gespräch in einer Atmosphäre der Ruhe. Sorgen Sie dafür, daß Sie nicht gestört werden können. Die Kinder sollten bereits im Bett sein, das Telefon soll außer Betrieb gesetzt werden, genauso wie die Hausglocke.

Um ein gestrandetes Eheboot wieder flott zu machen, kann es eine große Hilfe sein, wenn man sich Urlaub nimmt, wegfährt und in der Urlaubsruhe (nicht Urlaubsaktivität) das eheliche Gespräch wieder zu pflegen beginnt. Sie dürfen dabei nicht auf die körperliche Gemeinschaft ausweichen, die das fehlende seelische Miteinander ersetzen

«Die Liebe allein versteht das Geheimnis, andere zu beschenken und dabei selbst reich zu werden.»   **(C.Bretano)**

«Das beste Mittel sich kennenzulernen, ist der Versuch, andere zu verstehen.»
(André Gide)

soll. Die erfüllte geschlechtliche Gemeinschaft soll sich aus dem Sich-wieder-Verstehen, aus dem Gespräch, aus der seelischen Gemeinschaft heraus entwickeln.

Vielleicht beginnen Sie in einer anderen Umgebung viel leichter mit taktvollen Gesprächen. Seien Sie dabei zuerst zurückhaltend aber positiv, wie wenn Sie sich gerade kennenlernen würden. Langsam, feinfühlig, mit dem Bestreben den andern zu verstehen, kommen Sie sich dann in Ihrer Gemeinschaft immer näher. Diese neue, liebevolle Annäherung kann Ihnen einen frischen Blick auf das Wesentliche geben, kann Ihnen klar zeigen, «wo der Hase im Pfeffer liegt». In diese «neuen Flitterwochen» gehen Sie nämlich mit der Erfahrung, daß eine Ehe nicht einfach so läuft..., daß Sex keine Probleme löst und Verliebtheitsgefühle nicht andauern. Somit können Sie in einer solchen Zeit neu «Liebe lernen».

Reinigung

«Und das Blut Jesu Christi, seines Sohnes, reinigt uns von aller Sünde.»

Dieser dritte Punkt ist genauso wesentlich wie die beiden ersten. Die Folge eines tiefen, ehrlich geführten, positiv verlaufenen Gesprächs wird nämlich unweigerlich die Erkenntnis der eigenen Schuld, des persönlichen Versagens sein. Und diese Schuld darf man nicht verdrängen, sondern muß sie ehrlich beim Namen nennen, bekennen: *«Wenn wir aber unsere Sünden bekennen, so ist er treu und gerecht, daß er uns die*

Sünden vergibt und uns reinigt von aller Ungerechtigkeit» (1. Joh. 1,9).

Wenn wir an unserem Ehegefährten schuldig geworden sind, dann ist dies in erster Linie auch Schuld gegenüber Gott. Wir sind an dem schuldig geworden, dessen Eigentum mein Ehepartner ist! Wir sind am Schöpfer der Ehe schuldig geworden, weil wir seine Erfindung mißbraucht haben, weil wir das Ziel der Ehe, nämlich Abglanz der Liebe Christi zu seiner Gemeinde zu sein, aus egoistischen oder sonstigen menschlichen Gründen verdreht und ins Gegenteil verkehrt haben.

Daher sollen wir Gott unsere Schuld bekennen, und von ihm die Vergebung in Anspruch nehmen.

Dabei geht es nicht an, daß wir einfach pauschal sagen: «Gott, vergib mir all mein Versagen.» Bekennen heißt, unser Versagen «beim Namen nennen», exakt, schonungslos offen und ehrlich.

Genauso konkret soll auch die Bitte um Änderungen sein. Wir bitten Gott, daß er Einsicht gibt, daß er in unser persönliches Leben, in unser Verhalten eingreift und wir unseren Ehegefährten wieder lieben lernen.

Dieses Prinzip der Vergebung ist in einer Ehe sehr wichtig und muß angewendet werden. Meinem Partner echt vergeben kann ich dabei nur, wenn ich selbst Vergebung von Gott erlangt habe. Wenn ich mich über die Vergebung Gottes freuen kann, vermag ich diese Vergebung auch an andere Menschen weiterzugeben, kann ich auch Vergebung austeilen.

Vergebung

«Bitte vergib mir», ist eines der wichtigsten Worte in einer Ehe. Allzuoft meinen wir, über unser Fehlverhalten wachse Gras, es gehe vergessen. Doch das Unbehagen, die unbereinigte Schuld wird bleiben! Überlegen Sie sich doch einmal, wann Sie das letzte Mal gesagt haben: «Bitte Liebling, vergib mir.» Kommt diese Bitte selten über Ihre Lippen? Dann hängt dies mit Sicherheit nicht damit zusammen, daß Sie ein vollkommener Mensch sind, sondern es hängt damit zusammen, daß Sie «Tomaten auf Ihren Augen» haben, blind sind und nicht «im Lichte wandeln». *«Wenn wir sagen, wir haben keine Sünde, so verführen wir uns selbst, und die Wahrheit ist nicht in uns»* (1. Joh. 1,8).

Sie dürfen die kleinen Stacheln (die meist größer sind, als wir vermuten) Ihres Fehlverhaltens nicht übersehen! Da ärgert sich die Frau, weil sich der Mann mal wieder verspätet hat, und er reagiert mit einer bissigen Bemerkung (statt einer linden Antwort) auf ihre Vorwürfe. Sie lacht ihn wegen irgendeiner Sache aus, was ihn tief verletzt und ihn dazu verleitet, ihr ein Kompliment (oder einen Blumenstrauß) vorzuenthalten. Gibt es nicht sehr viele Kleinigkeiten im Ehealltag, bei denen wir schuldig werden, bei denen wir nicht nach dem Maßstab Gottes handeln?

Sehen Sie, deshalb ist es so wichtig, daß wir einander um Vergebung bitten. Der Mensch zeichnet sich in gewisser Weise auch dadurch aus, daß er schuldig werden

kann; es ist eine Folge der Freiheit – ein Tier kann nicht schuldig werden, weil ihm der freie Wille fehlt.

Was sollten Sie beim Vergeben beachten?
Vergebung heißt «Nicht-mehr-Antasten». Vergeben heißt ausradieren, vergessen. Daher bedeutet Vergebung Verschwiegenheit, nicht nur anderen Personen gegenüber (Es ist in diesem Zusammenhang interessant, daß das Reden über das Schuldigwerden eines andern meist einen ganz banalen Racheakt darstellt!), sondern auch dem Schuldiggewordenen gegenüber. Praktisch heißt das, daß ich das Fehlverhalten meines Partners in keiner Situation mehr erwähne. Es ist schließlich vergeben und damit unantastbar. Wer seinem Partner bei irgendeiner Gelegenheit Schuld vorhält oder auch nur heimlich den Blick darauf lenkt, der lebt in einer Haltung der Unversöhnlichkeit, und dies bezeichnet Gott als folgenschwere Sünde.

Wenn Sie vergeben, sollen Sie auch wissen, *was* Sie vergeben. Es ist furchtbar schmerzlich, wenn ein Partner plötzlich erfährt, daß das «Ja, ich vergebe dir» eine bloße Redewendung war, die gar kein konkretes Fehlverhalten im Auge hatte. Es bedarf hier einer großen Portion an Ehrlichkeit. Wenn nach einem ehelichen, klärenden Gespräch der eine Partner Erleichterung darüber empfindet, daß der andere mehr Schuld bei sich sieht, dann hat dies mit echter Einsicht und Vergebung nichts zu tun.

Vergebung und Versöhnung darf man auch keineswegs als Leistung, als Verdienst ansehen. Es ist kein Werk, worauf man stolz sein kann, denn nur aufgrund der Vergebung, die ich selbst von Gott her erfahren habe, kann ich Vergebung an meinen Partner austeilen. Und nur aus diesem Grund kann ich auch meinen Partner um Vergebung bitten. Es gibt hier eine falsche Demut, ein unaufrichtiges «Bitte, vergib mir», wo dieses nämlich nur darauf abzielt, eine «Märtyrerrolle» aufzubauen, auf die man letztlich stolz ist!

Bedenken Sie auch, daß bei aller Versöhnung und Vergebung stets ein Rest unerkannter Schuld übrigbleibt. Nur Gott kann bis in die Tiefen unseres Herzens sehen. Vieles erkennen wir gar nicht als Schuld, was in Wahrheit aber Schuld und Sünde ist. Wenn wir das bereinigen, worüber uns Gott Licht und Einsicht schenkt, dann dürfen wir ihm auch all das uns noch Unbewußte, Unbekannte hinlegen. Und Gott gibt uns diesen Freiraum, um in der «Sündenerkenntnis» zu wachsen. «Je näher und länger», sagte einmal ein Gottesmann, «ich mit Gott lebe, desto tieferen Einblick gewinne ich von meiner eigenen Sündhaftigkeit.» Das ist logisch. Je intensiver ich mich einem strahlenden Licht aussetze, desto klarer treten auch die verstecktesten Schmutzflecken zutage.

Gewähren Sie also Ihrem Partner einen Freiraum, um in der «Sündenerkenntnis» zu wachsen. Vergeben Sie auch die Dinge, die Ihr Partner noch nicht als Schuld erkannt hat. Leben Sie im Bewußtsein, daß auch Sie in vielen Situationen an Ihrem Partner schuldig werden, ohne dies klar zu erkennen. Eine Vergebung, die umfassend, die total ist, soll daher das Ziel eines jeden Ehepartners sein.

Mit diesem Hintergrund können wir nun weitere praktische Eheprobleme betrachten.

Verlassen

Zahlreiche Eheprobleme entstehen dadurch, daß das biblische Prinzip des Verlassens nicht bewußt realisiert wurde.

Ein typischer Fall: Gerhard war ein verhätscheltes Muttersöhnchen. Als er heiratete merkte er selbstverständlich bald, daß seine Frau nicht die Absicht hatte, es seiner Mutter gleichzutun. Und alsbald begann Gerhard, Vergleiche anzustellen zwischen seiner Frau und seiner Mutter, die natürlich zugunsten der Mutter ausfielen. Die Mutter hatte ihn jeden Morgen drei-, viermal geweckt, die Kleider hingelegt, das Frühstück bereitgestellt, mit einem genau 3½ Minuten lang gekochten Ei. Dies alles «fehlte» Gerhard jetzt und verdarb seine Beziehung zu seiner Frau. «Mutter kochte dies aber immer so..., Mutter machte dies aber anders...» Kein Wunder, daß Gerhards Frau (Marita) bald eine Abneigung gegen ihre Schwiegermutter entwickelte. Wehe aber, wenn Marita sich zu wehren suchte: «Es ist mir egal, was deine Mutter...» «Laß bitte meine Mutter aus dem Spiel» wurde sie sofort unterbrochen, wobei es Gerhard nicht auffiel, daß er es war, der seine Mutter mit in die Ehe nahm.

Gewohnheiten, Anschauungen, Traditionen von «daheim» müssen genauso bewußt «verlassen» werden, wie der Küchentisch von Vater und Mutter. Geschieht dies nicht, ist eine harmonische Ehe nicht möglich.

Genauso muß jeglicher «Familien-Nationalismus» verlassen werden. Leider gibt es in manchen Ehen immer wieder Streit und Auseinandersetzungen, weil man versucht, die eigenen Eltern in den Vordergrund zu stellen (nein, man möchte ja nicht bevorzugen, doch müssen sie «ihr Recht» bekommen.) Zu Weihnachten dürfen die Geschenke an die Schwiegereltern keinen höheren Wert als jene an die eigenen Eltern haben, und die Eltern des Mannes wurden tatsächlich schon zweimal mehr eingeladen als die der Frau...! Verschlimmert wird die Situation noch dadurch, daß die Verwandten oft wahre Meister im «Übelnehmen» sind.

Woher kommt dieser «Familien-Nationalismus»? Will man dem andern zeigen, was man wegen ihm aufgegeben hat? Will man mitteilen, welchen hohen Wert das eigene Geschlecht hat? Verlassen Sie Ihren «Familien-Nationalismus» und stellen Sie sich völlig auf die Seite Ihres Ehepartners! Zwischen Schwiegermutter und Schwiegersohn oder Schwiegervater und Schwiegertochter haben Sie nicht Schiedsrichter zu spielen! Sie sind die unzertrennliche Hälfte Ihres Ehepartners – bitte verhalten Sie sich auch so!

Wir haben am Anfang des Buches schon gesehen, daß Verlassen eine große und umfangreiche Bedeutung hat. In vielen Fällen haben Ehemänner ihre früheren Freundinnen nicht wirklich «verlassen» oder Ehefrauen ihre früheren Freunde.

Da wird dann nicht – wie am Anfang einer tiefen Partnerschaft – beschämt und voller Zurückhaltung und Taktgefühl von früheren Freundschaften erzählt (gebeichtet), sondern damit geprahlt. Auch hier möchte man zeigen, was (oder wen) man um ihretwillen oder um seinetwillen verlassen hat – hat man ja gar nicht. Verlassen heißt vollständig loslassen – Fotos, Erinnerungen, ungute Verbindungen.

Vertauschte Prioritäten

Eine Ehestörung kann auch deshalb auftreten, weil ein Partner die Prioritäten falsch setzt. Wenn ein Mann z.B. als wichtigsten Lebensbereich nur seinen Beruf kennt. Diesem muß sich alles andere unterordnen. Dabei geht es nicht darum, daß man aus beruflichen Gründen hie und da einmal auf familiäres Beisammensein verzichten muß. Es geht um ein grundsätzliches Verhalten, das klar zeigt, daß der Beruf an erster Stelle steht. Die Frau fühlt sich dadurch immer minderwertiger; sie wird dann entweder ebenfalls etwas «Wichtiges» außerhalb der Ehe suchen oder sich gekränkt und enttäuscht zurückziehen.

Auch eine Frau kann die Prioritäten vertauschen, z.B. die Familie vor die Ehe stellen. Sie wendet sich mit großer Hingabe den Kindern zu. Ihre Kinder sieht sie als pri-

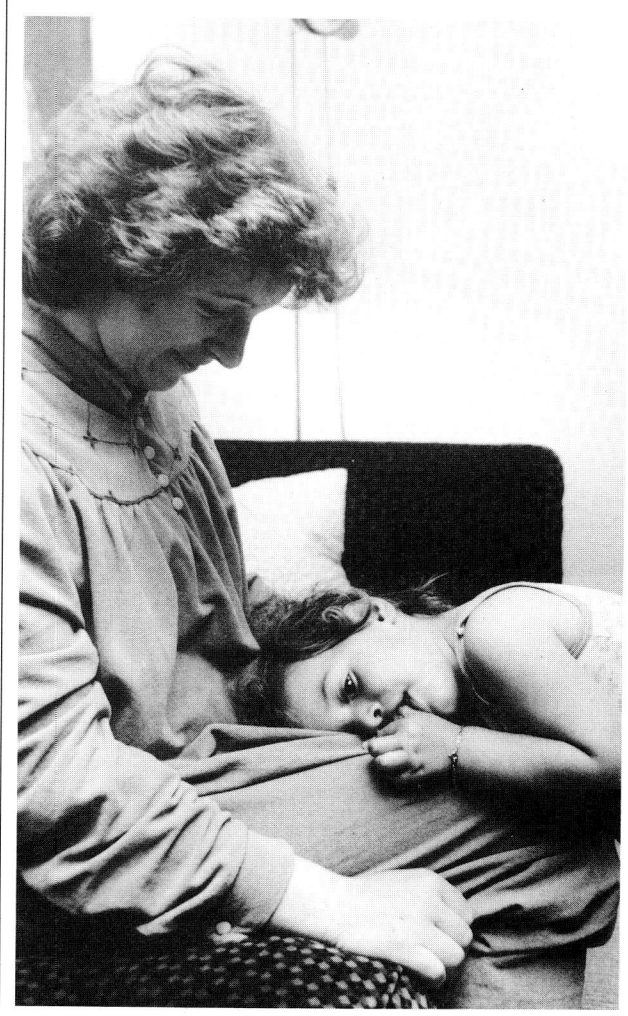

märe Aufgabe, die eheliche Gemeinschaft mit ihrem Mann sekundär.

Oft stehen Frauen, die zum Perfektionismus neigen und ja nichts falsch machen wollen, in Gefahr, übertriebene Kinderfürsorge an den Tag zu legen. Daß sie damit eine andere Beziehung, die wichtiger ist, vernachlässigen, wird ihnen oft gar nicht bewußt.

Die Ehe dauert «bis der Tod uns scheidet...» Sie ist die «Achse» – wie es Virginia Satir bezeichnet – um die sich familiäre Beziehungen drehen. Ist die Achse angeknackst, ist auch die Familie gestört. Im Gegensatz zur Ehe zeichnet sich die Eltern-Kind-Beziehung eines Tages durchs «Verlassen» aus. Daher müssen die Eltern stets im Bewußtsein leben, daß ihnen die Kinder anvertraut sind, daß sie verantwortlich für die Erziehung sind, daß sie die Kinder aber auf ein späteres «Verlassen» vorbereiten müssen. Nur so werden sie ihnen das richtige Reisegepäck fürs spätere Leben mitgeben können. Wer Kinder an sich bindet, tut ihnen damit den schlechtesten Dienst. Oftmals geraten diese Kinder dann auch in eine übertriebene Abhängigkeit. Sie verharren in Unmündigkeit und Unselbständigkeit, wodurch ein späteres «Verlassen» um so unharmonischer und ungesunder wird.

Wenn eine Frau die Kinder an erste Stelle setzt, wird sich ihr Mann vernachlässigt fühlen und irgendwo sonst Bestätigung und Zuwendung suchen. Extrem wird die Situation dann, wenn die Frau die Zuwendung zu ihrem Kind als Partnerersatz anwendet, ja

sogar zusammen mit ihrem Kind eine Einheitsfront *gegen* den Ehemann und Vater bildet. Dieses folgenschwere sündhafte Verhalten schlägt tiefe Wunden in die Ehe und die seelische Entwicklung des Kindes.

Das Problem Geld

Obwohl Geldprobleme oftmals nur vorgeschobene Streitpunkte sind, die einen tieferliegenden Konflikt überdecken sollen, leiden erstaunlich viele Ehen unter dem Problem Geld. In der Tat, Geld kann zu einem enormen Eheproblem werden. Daher müssen wir uns eingehend mit diesem Bereich befassen.

Wie bei anderen Problemen bringt auch hier eine falsche Haltung, eine unrichtige Einstellung falsche Handlungen hervor. Somit müssen wir uns zuerst Gedanken über unsere persönliche Einstellung zum Geld machen.

Für viele Leute bedeutet Geld gleichzeitig Sicherheit. Wer nur ein wenig die Zeitgeschichte kennt, merkt, welch großer Betrug dies ist. Immer wieder ist das Geld, das wir besitzen, plötzlich nichts mehr wert. Aber ganz abgesehen von diesem rein materiellen Aspekt bringt Geld keine echte Sicherheit, da man sich weder Gesundheit noch inneren Frieden, weder Harmonie noch ein gesundes Familienleben durch Geld erkaufen oder sichern kann. Ganz im Gegenteil: Oft wird das Familienleben, die Gesundheit und das seelische Wohlbefinden durch das Jagen nach Geld erst gestört. Das, was man sich sichern wollte, wird durch diese gehetzte Tätigkeit unsicher und bedroht.

Durch ihre Erziehung bekamen manche Menschen auch die Einstellung mit, Geld verleihe ihnen Prestige, hebe ihr Selbstwertgefühl. Wer sein Wertgefühl vom finanziellen Besitz abhängig macht, ist arm dran. Denn finanzielle Rückschläge wird wohl jeder Mensch erleiden, und somit ist ein solches Selbstwertgefühl keinen Pfifferling wert.

Die große Gefahr besteht vor allem darin,

daß wir versuchen, durch Geld möglichst viele persönliche Bedürfnisse zu stillen. Ist aber ein Bedürfnis gestillt, meldet sich bereits das nächste (das uns vorher gar nicht so bewußt war). Wer vom Fahrrad auf ein Moped umgestiegen ist, wird sich zuerst riesig freuen und seine Bedürfnisse als gestillt empfinden. Doch nach nicht allzulanger Zeit wird ein neues Bedürfnis erwachen: mit einem Motorrad fahren, oder einem Auto (das dann auch immer größer, bequemer, luxuriöser sein muß). Der Humorist Wilhelm Busch kleidet diese Tatsache wie folgt in Verse:

«Wonach du sehnlich ausgeschaut,
es wurde dir beschieden.
Du triumphierst und jubelst laut:
‹Jetzt hab ich endlich Frieden.›
Ach , Freundchen, rede nicht so wild.
Bezähme deine Zunge.
Ein jeder Wunsch, wenn er erfüllt,
kriegt augenblicklich Junge.»

Halten wir unsere Bedürfnisse nicht bewußt im Zaum, so geraten wir in den Sog der Bedürfnis-Befriedigungs-Jagd.

Dies ist auch der Grund, warum viele junge Ehepaare Schulden machen. Es ist heute sehr verführerisch, sich ohne große Probleme Geld leihen zu können. Man leiht sich ja meist Geld, um ein Bedürfnis auf der Stelle befriedigen zu können, für das wir ansonsten über kürzere oder längere Zeit hätten sparen müssen. Glauben wir doch den verlockenden Tönen unserer Wohlstands-Werbung nicht, nach denen wir uns nur «gut» fühlen mit diesem Parfüm, diesem neuen Wagen oder dieser Stereoanlage. Paulus fordert uns in Röm. 13,8 auf, niemandem etwas schuldig zu sein, und Sprüche 22,7 lehrt uns: «...wer borgt, ist des Gläubigers Knecht!»

Es kann Situationen geben, in denen es nötig ist, einen Kredit aufzunehmen. Doch sollte dies in engen Grenzen, überschaubar und so kurzfristig wie möglich geschehen. Ich rede hier von Eheleuten als Arbeitnehmern. Ein Unternehmer wird aus betriebswirtschaftlichen Gründen ganz bestimmte Kredite aufnehmen müssen. Doch der Grundsatz der Sprüche Salomos bleibt sinngemäß erhalten.

Die aufgezeigten Motive führen also zu einem falschen Verhalten in finanziellen Dingen.

Damit man sich diese Eigentumswohnung leisten kann, müssen Mann und Frau arbeiten gehen. Doch dann «kommt ein Kind», dem man bereits eine gedämpfte Freude über seine Ankunft mit in die Wiege legt. Der Mann nimmt einen Nebenjob an. Die Mutter gibt bald einmal das Kind in andere Obhut.

Wie ein solches Familienleben aussieht, kann sich wohl jedermann vorstellen: erschöpfte Ehepartner, schlechte Laune, Gereiztheit, Vorwürfe, Streit, schreiendes Kind usw. usf. Und dies alles wegen der Eigentumswohnung! Wegen dem «Daheim», das doch die Stätte des Friedens und der Harmonie sein sollte. Zur oben skizzierten Entwicklung gibt es Tausende von Variationen. Der rote Faden bleibt: Um eines materiellen

Besitzes willen wird nach Geld gejagt, was den Genuß jenes Besitzes letztlich auf Kosten grundsätzlicher Werte verunmöglicht.

Unsere Einstellung zum Geld

Welche Einstellung zum Geld soll nun ein Christ haben?

Zuerst sollte dem Christen bewußt sein, daß sein Besitz, sein Geld Gott gehört! Ein Christ hat sich mit seinem ganzen Sein und Haben Jesus Christus übereignet. Somit gehört auch das Geld eines Christen seinem Herrn; es gehört Gott. Ein Christ ist lediglich Verwalter von Geld, das Gott gehört. Mit diesen Finanzen hat er folglich verantwortungsbewußt umzugehen.

Zum andern ist es gerade für einen christlichen Ehemann wichtig, daß er sich darüber im klaren ist, daß das zu verwaltende Geld den Ehepartnern *gemeinsam* gehört. Nicht nur aus dem Grund, weil Mann und Frau in der Ehe eine Einheit bilden (und damit der Gedanke, daß dies «mein» Geld sei, diese Einheit stören würde), sondern auch aufgrund der ganz praktischen Tatsache, daß die Frau schließlich dieses Geld mitverdient – der Mann verdient es außer Haus, die Frau durch ihre Tätigkeit innerhalb des Hauses. Es gibt durch Gerichtsurteile in Versicherungsfällen bestätigte Rechnungen, die diesen Sachverhalt ganz nüchtern festhalten:

«Wenn die Frau nur den Haushalt führt und die Kinder versorgt, verdient sie damit mindestens 1500.— SFr. monatlich mit. So viel nämlich müßte der Mann für eine Ar-

beitskraft bezahlen, die dieselbe Arbeit täte. Wollte er eine diplomierte Haushaltsleiterin haben, dann müßte er sogar noch mehr bezahlen. Nehmen wir also an, der Mann verdient 3000.— Franken und die Frau verdient ‹nichts›. Dann würden der Frau 1500.— Franken zustehen. Verdient der Mann weniger als 3000.— Franken, dann ist die Frau sogar die Höherverdienende, auch wenn sie nur den Haushalt betreut» (Kientzle).

Es geht hier nicht um gegenseitiges Vorrechnen. Doch sollte sich gerade ein Ehemann über obigen Sachverhalt im klaren sein.

Fehlt die Einstellung vom gemeinsamen Geld, so treibt dies die Frau vielleicht dazu, einer extra Arbeit nachzugehen, durch die sie sich «ihr» Geld, mit dem sie «machen kann, was sie will», verdient. Daß die Ehegemeinschaft dadurch alles andere als gefördert wird, dürfte klar sein.

Wenn mein Geld also Gott gehört, und meine Frau und ich es zusammen verwalten sollen, dann werde ich mir auch nicht all das leisten, was ich mir leisten *könnte,* sondern ich werde das kaufen, wozu ich mich verantwortungsbewußt stellen kann. So könnte ich persönlich zum Beispiel nie für einen Ferien-Wochenaufenthalt in einem Luxushotel etliche tausend Franken ausgeben – auch wenn ich es mir leisten könnte!

Gottes Geld zu verwalten heißt, dem «Kaiser zu geben, was des Kaisers ist und Gott zu geben, was Gottes ist». Ein Christ zahlt also ehrlich seine Steuern und wird auch regelmäßig dort Geld hingeben, wo er geistlich am meisten profitieren darf: seiner christlichen Gemeinde.

Ch. Swindoll schreibt dazu: «Wenn Sie einer Gemeinde angehören und damit für Ihre Familie oder Ihr eigenes Leben einen großen Nutzen ziehen, sollte der größte Teil Ihres Beitrags der Gemeinde zugute kommen. Manche Leute geben, wie sie einen Kuchen servieren: Sie teilen ihre Spenden in viele verschiedene Teile, und die Gemeinde bekommt letzlich ein kleines Stück. Einige zusätzliche Spenden sind sicherlich richtig, sonst könnten viele Missionswerke nicht existieren. Was mich bekümmert, ist die Einstellung, die viele Leute zu ihrer Spende für die Gemeinde haben, als handle es sich um etwas absolut Freiwilliges, ohne jedes Bewußtsein, daß sie der Gemeinde dieses Geld schulden ... Wie wir Gott Geld geben, muß auch geplant werden ... sorgfältig, gründlich, beständig...»

Verwaltung

Wenn wir uns schließlich dem praktischen Geld-Verwalten zuwenden, dann müssen wir uns auch darüber im klaren sein, daß Mann und Frau oft ein unterschiedliches Empfinden und eine verschiedene Anschauungsweise haben. Oftmals hat die Frau das Empfinden, die oder jene Anschaffung sei einfach notwendig, weil sie sich mehr auf die Gegenwart konzentriert, wobei der Mann vielleicht aufgrund seiner Zukunftsschau und aufgrund seiner Hauptverantwortlichkeit für die Versorgung der Familie, zurückhaltender ist. Gerade in dieser Spannung ist das Gespräch absolut notwendig!

Ein praktisches Beispiel aus eigenem Erleben mag dies illustrieren: Es waren vor einiger Zeit vor allem zwei Dinge, an denen der Zahn der Zeit folgenschwer genagt hatte: unsere Wohnzimmer-Sitzmöbel und unser Auto. Unsere «Wohnzimmersessel» hatte meine Frau zu Beginn unserer Ehe mit meiner Mutter selbst angefertigt, weil wir für einen Kauf einfach keine Mittel hatten. Es waren bloße, mit Stoff überzogene Schaumstoffstücke. Nach acht Jahren regen Gebrauchs war nicht nur der Stoff sehr abgenutzt, sondern auch der Schaumstoff ziemlich «zusammengesessen». Mein Empfinden war: diese Sitzgelegenheiten tun's noch. Solange man sitzen kann ist ja alles in Ordnung. Eine Augenweide braucht's ja nicht zu sein. Gegenüber unserem Auto hatte ich allerdings ein ganz anderes Empfinden. Obwohl ich auch hier keinen Wert auf äußeren Glanz lege (kleine Beulen, die nicht rosten, würde ich nie – allein um der «Schönheit des Autos» willen – reparieren lassen!), so war doch das beständige Funktionieren des Wagens nicht mehr gewährleistet. Ab und zu blieb die Karre einfach stehen. So dachte ich, daß jetzt schnellstens ein tüchtiger Wagen angeschafft werden müsse. Meine Frau sah dies weniger dramatisch. Es ist also ganz natürlich, daß Mann und Frau gegenüber neuen Anschaffungen ein unterschiedliches Empfinden haben. Solche Probleme miteinander sachlich abzuwägen, ist notwendig.

Übrigens als mich eine gute Bekannte dann darauf aufmerksam machte, daß es bei unseren «Sesseln» nicht nur ums Aussehen gehe, sondern man darauf wirklich nicht gut sitzen könne (was mir nie aufgefallen war), und daß eine schlechte Sitzgelegenheit ein Hindernis für unsere praktizierte «Gastfreundschaft» sei, da kauften wir schnellstens doch eine neue Sitzgruppe (ein anderes Auto erst später).

Persönlich kann ich jedem Ehepaar nur empfehlen, ein Haushaltsbuch zu führen. Sämtliche Ausgaben werden hier eingetragen, so daß man am Monatsende einen realistischen Überblick über Art und Höhe der anfallenden Ausgaben hat.

Vom *gemeinsamen* Geld sollte jeder Ehepartner einen kleinen Teil nach eigenem Gutdünken (was die Verantwortlichkeit Gott gegenüber ja nicht ausschließt) verwenden können, ohne über jeden Pfennig oder Rappen Rechenschaft ablegen zu müssen. Ein Haushaltsbuch ist sehr hilfreich – ein ganzes Wirtschaftsprüfungsbüro aufzutun, wäre ein wenig sinnvoller Aufwand.

Größere Anschaffungen dürfen – ja, ich sage bewußt *dürfen* – nur mit gegenseitiger Absprache getätigt werden. Das hat nichts mit Mißtrauen zu tun, sondern mit Takt und Respekt vor der Tatsache des *gemeinsam* verdienten Geldes.

Gerade in finanziellen Engpässen ist es besonders wichtig, daß man gemeinsam bestimmte Sparmaßnahmen einleitet. Ein Mann, der seiner Frau Vorträge wegen einem Kosmetikartikel oder einer neuen Bluse hält und sie auffordert, sparsamer mit dem Haushaltsgeld umzugehen, selbst vielleicht aber zu jedem Hemd einen passenden Schlips haben muß und nicht daran denkt, die Kosten für Hobbys einzuschränken oder auf seinen teuren Wein zu verzichten, der handelt nicht nur taktlos, sondern unrecht und sündhaft.

Schlechte Laune

Schlechte Laune kann tatsächlich das liebevolle Empfinden füreinander abwürgen. Stellen Sie sich einmal vor, Ihr Partner begegne Ihnen immer häufiger mit einem mißmutigen Gesicht. Auf Ihre Frage, was los sei, antwortet er barsch: «Nichts». Als Erklärung für seine miese Laune muß einmal das schlechte Wetter, ein andermal das zu würzige Essen herhalten.

Tatsache aber ist, daß es nicht die kleinen und großen Dinge der Außenwelt sind, die eine grundsätzlich schlechte Laune erzeugen, sondern die innere Haltlosigkeit, die ständig nach fernem Glück, nach Abwechslung und Zerstreuung Ausschau hält, die innere Unzufriedenheit und Rebellion gegen alle Umstände und – letztlich gegen Gottes Weg mit mir.

Schlechte Laune kommt in der Regel von Unzufriedenheit und Undankbarkeit und ist daher Sünde, ist konkreter Ungehorsam gegen Gottes Wort; denn Gott sagt: «Seid allezeit fröhlich! Betet ohne Unterlaß! Seid in allem dankbar; denn das ist der Wille Gottes in Christus Jesus für euch» (1. Thess. 5,16–18).

Doch Gott befiehlt uns hier nicht etwas, was uns nicht möglich ist. Diese drei Verse zeigen nämlich bereits den Weg aus der Unzufriedenheit heraus: Wie ist es möglich, allezeit fröhlich zu sein (d.h. nicht überschwenglich, nicht lustig, sondern die Freude des Herrn im Herzen zu haben)?

Es ist möglich, indem wir ohne Unterlaß beten, d.h. in einer Haltung des Gesprächs mit Gott verharren, ihn auch in die kleinsten Dinge des Alltags mit einbeziehen. Sei es beim Kochen, beim Putzen, beim Autofahren – alle Dinge legen wir in Gottes Hände und tun sie im Vertrauen auf seine Gegenwart und Leitung. Das heißt «Beten ohne Unterlaß». Dadurch werde ich auch stets alle meine Sorgen in seine Hände legen, werde mich weigern, mir zermürbende Gedanken über dies und jenes zu machen, sondern nüchtern planen, überlegen, entscheiden – und alles weitere vertrauensvoll Gott in die Hände legen.

So können wir allezeit zufrieden und froh sein, wenn wir dankbar sind, dankbar *in* allen Dingen. Es steht hier nicht *für* alle Dinge, sondern *in* allen Dingen. Breche ich mir den Fuß, so brauche ich nun nicht für den gebrochenen Knochen zu danken, sondern kann Gott dafür danken, daß er auch in dieser jetzigen Situation Gott bleibt, mein Herr und Erlöser ist, und daß er auch aus dieser Situation das Beste macht. Dankbar für Gottes Wege zu sein (der auch die widrigsten Umstände seinen Kindern zum Besten dienen läßt – vergl. Röm. 8,28) heißt, das Vertrauen Gott gegenüber auszusprechen. Das Gegenteil davon wäre Mißtrauen gegen Gottes Wege und Rebellion gegen sein Handeln. Dies führt zu Unzufriedenheit und schlechter Laune.

Nicht nur, daß ein griesgrämiger Christ alles andere als ein einladend wirkender Wegweiser zu seinem Erlöser hin ist, schlechte Laune erzeugt bei meinem Partner zudem negative Empfindungen, Spaltung und Ablehnung. Freuen Sie sich also «im Herrn», das wird Ihre Stärke sein (Neh. 8,10). Sprechen Sie Gott Ihr Vertrauen aus, indem Sie dankbar sind, dann wird auch Freude Ihr Heim und Ihre Ehe erfüllen.

Ehebruch

Obwohl man versucht, Ehebruch immer wieder gesellschaftsfähig zu machen, ihn nicht nur als «Kavaliersdelikt» sondern sogar als «Ehebereicherung» hinzustellen, wissen die meisten Zeitgenossen um die Tragik ehebrecherischen Handelns. Natürlich bemüht man sich, Ehebruch als Aspekt moderner Freiheit vor Augen zu malen (das versuchte man aber schon vor Hunderten, ja vor Tausenden von Jahren!) In so «erfolgreichen» Filmserien wie «Emmanuelle» u.a. wird dem Zuschauer auch eingehämmert, daß zwei Partner sich gegenseitig völlige Freiheit für ehebrecherischen Verkehr geben können, ohne Eifersucht, ohne innere Qual, völlig glücklich und zufrieden mit den Gegebenheiten. Solche Filme haben dann auch enormen Zulauf, sucht man hier doch nach einer Chance, sein schlechtes Gewis-

Auch ein «Mann Gottes» ist nicht vor der Sünde des Ehebruchs gefeit!
(Filmszene aus «König David»)

«Der heimliche Blick des Ehebrechers»
(Bilder aus dem Film «The Woman in Red»)

sen und sein ethisches Empfinden zu übertönen oder mit den filmischen Argumenten
übertrumpfen zu können. Die Realität jedoch sieht anders aus und wird stets anders
bleiben. Ehebruch gräbt tiefe Furchen in
die menschliche Psyche, schlägt klaffende
Wunden in eine zwischenmenschliche Beziehung, ist oft der sichtbare Höhepunkt
einer erdrückenden Liebesunfähigkeit.

Gründe für Ehebruch

Warum geschieht so viel Ehebruch? Wie
kommt es dazu? Die Gründe sind sicherlich
oft sehr komplex. Doch begegnet man häufig folgenden Ursachen: Einmal ist Ehebruch meist die Folge einer kaputten ehelichen Beziehung. Die Eheleute haben sich
auseinandergelebt, der Mann fühlt sich unverstanden und gibt den Verlockungen
einer anderen «verständnisvolleren» Frau
nach, oder die Ehefrau fühlt sich vom anderen Mann «zum ersten Mal so richtig verstanden». Unbiblische, übermäßig geforderte Enthaltsamkeit kann den Ehemann
ebenfalls verstärkt den Versuchungen des
Ehebruchs aussetzen. Oder ein Mann versucht sich durch eine außereheliche Beziehung zu «verjüngen» oder zu «bestätigen».
Für einen Christen gibt es keinen schnellen
Schritt zum praktischen Ehebruch. Er wird
lange im Herzen vorbereitet – entgegen
dem Wirken des Heiligen Geistes, entgegen dem leise beißenden Gewissen. Man
pflegt zuerst Ehebruch in Gedanken, spielt
mit dem Feuer, setzt sich gewissen Situationen aus, weil man erotische Spannung

sucht. Daß manche Christen keinen Ehebruch begehen, liegt einzig und allein an ihrer Angst vor den Folgen, aber nicht an ihrer innerlich konsequenten Haltung dieser Sünde gegenüber.

Wenn man dann in der Beratung den Satz hört: «Ach, ich bin einfach so ungewollt und rasch da hineingerutscht», dann steht dieser Mensch noch nicht im Lichte Gottes; dann ist ihm noch nicht klar, daß er heimlich, tief in seinem Herzen diese Sünde auch schon gepflegt und gehegt hat. Gerade hier ist es wichtig ehrlich zu sein!

Diese Ehrlichkeit beginnt damit, daß – gerade ein Christ – es vor sich selbst akzeptiert und annimmt, daß sein «Fleisch und Blut» sich nie bekehrt, daß «Fleisch und Blut das Reich Gottes nicht ererben können» (1. Kor. 15,50). Das heißt, daß auch beim Christen der fleischliche Drang zu ehebrecherischem Handeln, zum Sündigen nach wie vor vorhanden ist – also auch die Lust zu sexuellem Verkehr *ohne Verantwortung,* zu erotischem Vergnügen *ohne Liebe und Treue.* Gerade dieses Handeln (ohne bleibende Verantwortung übernehmen zu wollen), gerade dieses erotische Vergnügen (ohne in Treue und Hingabe die wahren Bedürfnisse des Partners erforschen und stillen zu wollen) machen zum großen Teil den Reiz des Ehebruchs aus. Durch die Kraft Jesu ist es dem Christen allerdings möglich, einen anderen Weg zu gehen. Praktisch bedeutet das, daß auch ein Christ nach wie vor Versuchungen ausgesetzt sein wird. Versuchungen sind aber noch keine Sünde! Wenn Je-

sus sagt, daß jener, der lediglich «eine Frau ansieht um ihrer zu begehren, die Ehe gebrochen hat», dann gehört hier ansehen und begehren zusammen: Das macht den «Ehebruch im Herzen» aus, den gedanklichen Ehebruch. Daß wir als Christen auch sexuell versucht werden, ist eine Tatsache, zu der wir stehen dürfen und müssen. Wer aber seine Versuchung pflegt, wer seinen «ersten Gedanken» mit weiteren Gedanken füttert, der übt gedanklichen Ehebruch, der sich – wenn Gelegenheit dazu da ist – weiterentwickeln wird zum seelischen Ehebruch (Flirt, Verliebtheitsgefühle, erotisches Verlangen) und schließlich bis zum körperlichen Ausdruck des Ehebruchs. Wer verschleiern möchte, daß er überhaupt sexuell versucht wird, der wird um so schneller beim – zumindest seelischen – Ehebruch landen, da eine Versuchung, die einfach verdrängt wird, mit Sicherheit heimlich ihre weitere Speise holt: durch versteckte Phantasien und Vorstellungen, die man selbst nicht wahrhaben will und vor sich selbst nicht zugibt.

Die Wurzeln des Ehebruchs sitzen oft im unbereinigten Leben, bevor man Christ wurde. Da hatte sich beispielsweise ein Mann stets mit pornographischen Szenen in Bild und Ton gefüttert. Diese Vorstellungen blieben natürlich haften, auch als er sich zu Christus bekehrte und dann eine liebe gläubige Frau heiratete. Beim Intimverkehr mit seiner Frau ließ er die alten pornographischen Vorstellungen zu, zum Teil stellte er sich sogar eine frühere Partnerin vor, während er mit seiner Frau sexuell verkehrte. Dieser gewaltige innere Ehebruch führte zur Stumpfheit des sexuellen Empfindens seiner Frau gegenüber. Der Weg für den praktischen Ehebruch war geebnet!

Ehebruch zerstört

Warum Ehebruch eine ernsthafte Sache ist, liegt nicht allein daran, daß er einen Organismus (Ehe) zerstört, daß er zerbricht und Menschen bis ins tiefste verletzt, sondern auch, daß er das Ziel einer Ehe, nämlich Abbild der Liebe Jesu zu seiner Gemeinde zu sein, aufs Schändlichste mißachtet. Ein Christ, der seiner Frau nicht treu ist, bezeugt vor der sichtbaren und unsichtbaren Welt, daß Jesus angeblich ebenfalls seiner Gemeinde untreu werden könnte!

Vergebung

Es gibt nichts, wofür Jesus Christus am Kreuz nicht gestorben wäre, nichts, wofür er nicht bezahlt hätte – auch für Ehebruch. Leider lassen sich immer wieder Christen zu diesem Handeln verführen – das meine ich ausschließlich aktiv: Niemand wird bloß verführt, jedermann *läßt sich* gleichzeitig auch *verführen,* wenn er nicht selbst der «Verführer» ist. Wenn ein Ehebrecher seine Schuld erkennt und sie Jesus Christus «ans Kreuz bringt», d.h. beim Namen nennt und zugibt, daß es verwerfliche Sünde ist, für die Jesus sterben mußte, und wenn er dann die Vergebung Jesu annimmt, darf er sich auch bezüglich seines Ehebruchs der Vergebung gewiß sein!

Wichtig ist jedoch, daß jener Christ bereit ist, auch die Ursachen für sein Fehlverhalten nicht nur bekämpfen sondern überhaupt erforschen zu wollen. Da Ehebruch ja lediglich der letzte Schritt vorangegangener Fehltritte ist, braucht es einen den ganzen Menschen umfassenden Gesundungsprozeß, damit die Ursachen, die zum Ehebruch führten, ausgemerzt werden. Jak. 5,16 empfiehlt deshalb: *«Bekennet denn einander die Sünden und betet füreinander, damit ihr geheilt werdet (gesundet)!»* Man soll sein Versagen also nicht deshalb einem christlichen Berater bekennen, um Vergebung zu erlangen (die erhalte ich nur von Jesus Christus – vgl. 1. Joh. 1,9) sondern damit ein Gesundungsprozeß in Gang kommt!

Zusammen mit dem Seelsorger soll dann auch abgeklärt werden, wie das Verhältnis zum Ehepartner wieder bereinigt werden kann; denn das Eheverhältnis wurde gestört, auch wenn der Ehebruch heimlich geschah – man ist trotzdem an seinem Ehepartner zutiefst schuldig geworden. Deshalb muß auch ein bereinigendes Bekenntnis dem betrogenen Partner gegenüber angestrebt werden, das die Ehebeziehung klärt und letztlich bereichert. Über das Wie und Wann sollte man sich vorher ernsthafte Gedanken machen, denn es ist nicht ratsam, den Ehepartner mit einem unvorbereiteten Bekenntnis zu überfallen, nur weil man sich selbst rasche seelische Erleichterung verschaffen will. Auch bei einem Bekenntnis achtet die Liebe auf das Wohl des andern!

Freundschaften mit dem anderen Geschlecht

Es gehört zu den Kostbarkeiten christlicher Gemeinschaft, daß ein Christ zu den Christinnen ein inniges, geschwisterliches Verhältnis haben darf, das oft äußerst bereichernd ist. Doch gerade dieses Vorrecht einer tiefen geistlichen Einheit birgt um so mehr Versuchung in sich: Das unbekehrte Fleisch und Blut des Christen kann schnell «erotisches Feuer» fangen und wünschen, der «Glaubensschwester» gegenüber auch erotisch-sexuell näherzukommen.

Wer sich dessen bewußt ist, braucht nicht das Kind mit dem Bade auszuschütten und die bereichernde, ungezwungene Gemein-

schaft mit Christen des anderen Geschlechts zu meiden. Nein, er kann diese zwischenmenschlich wertvolle Beziehung froh pflegen, muß aber dabei sich selbst gegenüber äußerst mißtrauisch sein! Ehebrecherische Beziehungen fangen in christlichen Kreisen meist ganz harmlos an. Das menschliche Herz ist ein Meister im Verstecken der wahren Absichten und Gefühle. Bald sucht man die erotische Spannung, spielt damit, erhitzt sich dabei, macht gewisse Andeutungen und Geständnisse – und manchmal (nicht immer) bricht – vor allem die Frau – die ehebrecherischen Entwicklungen erst kurz vor dem körperlichen Gebiet ab. Und dabei kommt man sich dann noch «geistlich» vor! Daß sie sich aber bereits mitten im seelischen Ehebruch wälzte, will sie nicht wahrhaben. Und seelischer Ehebruch ist nicht weniger verwerflich als der körperliche. Die Ehe geht auch *daran* zugrunde; denn wie kann ein Eheorganismus lebensfähig sein, wenn ein Partner oder beide mit ihren Gefühlen, Wünschen, Absichten und Phantasien in permanenter Untreue leben?

Prüfen Sie also stets Ihre Gedanken und heimlichen Absichten und halten Sie sich hier nicht für unverwundbar!

Haben Sie in Ihrer Ehe Schwierigkeiten, vertrauen Sie sich *nicht* einem Unverheirateten des andern Geschlechts an, besonders nicht, wenn dieser noch jung ist. Sie würden sich dadurch selbstverschuldet in große Versuchung begeben – und wahrscheinlich darin umkommen.

Bevor Sie aber rufen: «Welch gesetzliche, engstirnige Aussagen», prüfen Sie sich, ob Sie wirklich jemals bereit waren, Ihre tiefsten ehebrecherischen Wünsche, die Wurzeln Ihrer manchmal ins Schlüpfrige abgleitenden Phantasie und Ihre versteckte sexuelle Abenteuerlust offen ans Licht zu bringen, bildlich gesprochen «ans Kreuz Jesu zu heften» und Gott die Erlaubnis zu geben, daß er gerade auch diese Gebiete Ihres Lebens durchleuchten und in seinen Dienst stellen darf.

Masturbation

Die Tatsache, daß der größte Teil der jungen Männer und ein kleiner Teil der jungen Frauen Masturbationserfahrung hat, deutet bereits auf die Unterschiede im sexuellen Empfinden von Mann und Frau hin. Wir wollen dies später noch genauer untersuchen.

Die Gewohnheit des Masturbierens (Selbstbefriedigung) fällt in der Regel auch nicht einfach bei der Bekehrung eines Menschen weg, weil es eben eine *Gewohnheit* ist, die einer Abgewöhnung bedarf. So leiden viele Christen an dieser Gewohnheit, wissen nicht so recht, wie sie diese einzustufen haben (von der «schlimmsten abscheulichsten Sünde» bis zur «bereichernden individualistischen Liebe» ist ja jede Meinung vertreten) und sind sich nur in einer Sache einig: das Problem ist tabu!

Und gerade das sollte es nicht sein; denn auch die «Lösungen», denen man im Laufe der Zeit in Gesprächen begegnet, zeugen

von großer Unkenntnis diesem Problem gegenüber.

Da gestand mir beispielsweise ein Ehemann, daß er völlig am Ende sei. Grund: man hätte ihm geraten doch bald zu heiraten, dann wäre sein Problem der Masturbation gelöst. Er hatte bald geheiratet – und siehe da: das Problem bestand immer noch!

Natürlich! Warum sollte es auch nicht mehr bestehen; denn Masturbation ist eben kein notwendiges Ventil, um überschüssige «Sexualkraft» abzulassen. Ganz im Gegenteil: Der Masturbierende wird rasch wieder zum «Ablassen» gedrängt, der Druck wird *aufgebaut*, nicht abgelassen! Masturbation wird dann zum echten Problem, wenn sie mit dem Ende der Pubertät nicht einfach wegfällt (was eben meist nicht der Fall ist), sondern Suchtcharakter annimmt. Im Gegensatz zur Alkohol-Sucht oder Nikotin-Sucht ist die Masturbation an sich nicht gesundheitsschädigend (wie man früher den Jungen hat weismachen wollen). Die Probleme liegen mehr in den suchtbegleitenden Erscheinungen, die schließlich selbst zur Ursache der Masturbations-Sucht werden:

Jagd nach Lustgefühlen

Gerade unsere Konsumgesellschaft ist davon gezeichnet, daß sie sich um jeden Preis und zu jeder Zeit ihre Lustgefühle erzeugen will. Der Alkohol- oder Tablettensüchtige handelt in gewisser Hinsicht gleich, wenn er durch die Chemie des Alkohols oder der Tabletten den Chemiehaushalt seines Körpers und damit seiner Gefühle beeinflussen

«Selbstbefriedigung innerhalb der Ehe ist eine Umkehrung dessen, wozu Gott die Sexualität geschaffen hat.»
(Wolfgang Bühne)

«Liebe ist nicht ausprobierbar, so wie man auch mit dem Tod nicht experimentieren kann. Liebe, die über die Hintertür der leiblichen Vereinigung ausprobiert wird, zieht immer Verwesungsgeruch nach sich. Liebe, die sich verplempert, wird niemals zur Erfüllung gelangen. Liebe ist aber auch wie das Feuer – kein offenes Feuer, sondern ein Herdfeuer, nicht jedermann einsichtig und unter freiem Himmel, sondern in der Geborgenheit des Zeltes und im Schutz des Herdes. Ist der Herd nicht da, das Zelt der Ehe noch nicht gebaut, wird dieses Feuer unbezähmbar, frißt gierig um sich und verzehrt alles, was ihm in den Weg kommt.» **(Scheunemann)**

will. Wenn er dann z.B. seinen gepfefferten Promille-Satz Alkohol im Blut hat, ändert sich tatsächlich seine Gefühls-Chemie: Er fühlt sich eventuell leicht oder fröhlich. Probleme und Spannungen des Lebens sollen hier also durch Chemie, durch die veränderte Gefühls-Welt gelöst werden. Letztlich sind solche Menschen lustgefühlsabhängig. Sie können seelische Spannung nicht ertragen und schaffen es kaum, den rechten Weg zu gehen ohne von Emotionen angetrieben zu werden. Ähnlich verhält es sich bei der Masturbation. Nicht das «schöne Gefühl» bei der Masturbation ist Sünde, sondern die Tatsache, daß ein sexueller Höhepunkt (mit seinem von Gott geschaffenen Lustgefühl) mißbraucht wird, um beispielsweise seelische Spannungen abzubauen, Probleme zu überdecken, bloße Lust-Gefühls-Chemie zu produzieren.

Der sexuelle Höhepunkt wird mit der Zeit dann völlig Ich-bezogen erlebt. Statt – wie Gott sich die Sexualität ausgedacht hat – einen anderen Menschen damit zu beglücken, gewöhnt sich der Masturbierende daran, seiner eigenen Lust zu frönen, sich selbst beglücken zu wollen.

In der Regel wird dies begleitet durch Hurerei-Gedanken (vor allem beim Mann). Der Mann stellt sich beim Masturbieren eine auf ihn erotisch wirkende Frau vor und pflegt mit dieser vielleicht in Gedanken sogar Intimverkehr. Somit erhält die Sexualität für ihn immer mehr den Aspekt des Sich-Selbst-Befriedigens durch häufig wechselnden Geschlechtsverkehr.

Heiratet ein solcher Mann, so wird ihm diese Vorstellungswelt weiterhin anhaften. Er ist ein großer Kandidat für gedanklichen Ehebruch während des Intimverkehrs mit seiner eigenen Frau. Und vor allem: Er wird weiterhin die Sexualität Ich-bezogen einsetzen wollen, wird darin weiterhin Lust-Gefühls-Chemie suchen und wird kaum fähig sein, seine Sexualität wirklich in den Dienst der *Liebe* zu stellen, mit seiner Sexualität wirklich den Ehepartner glücklich machen zu wollen: ein riesiges Hindernis auch, um überhaupt die sexuellen Bedürfnisse des andern erforschen und erkennen zu können.

Aus diesen Gründen soll ein masturbierender Christ in der Kraft Jesu gegen seine Gewohnheit angehen, nicht weil ihm ein «schönes Gefühl» verwehrt werden sollte, sondern weil er seine Gewohnheit pflegt, die ihn an echter Liebesfähigkeit hindert.

Eifersucht

«Ein gelassenes Herz ist des Leibes Leben», heißt es in Sprüche 14,30, *«aber Eifersucht ist Knochenfraß!»*

Wir sprechen hier nicht von dem natürlichen Verteidigungswillen, mit dem man ein kostbares Gut verteidigt, wenn wirkliche, mächtige Feinde mit Gewalt und Intrige angreifen, nein, wir sprechen von der «Leidenschaft, die mit Eifer sucht, was leiden macht.»

Diese Eifersucht ist grundsätzlich kein Ausdruck von Liebe (die ja stets Freiheit beinhaltet), sondern von Bemächtigungsdrang. In manchen Fällen reagierten Ehepartner mit Eifersucht, weil sie negative Erfahrungen in der eigenen Kindheit (Scheidung der Eltern, kaputtes Elternhaus) nicht verarbeitet hatten; in anderen Fällen kam die Eifersucht vom gestörten Selbstwertgefühl. Der Eifersüchtige glaubte sich entthront, zurückgestellt, benachteiligt. Stets war die Angst vor dem Verlieren des Partners vorherrschend. Ehetherapie besteht hier ausschließlich in Einzeltherapie, damit die psychischen Störungen des Eifersüchtigen gelöst werden können.

Eifersucht kann auch entstehen durch Unkenntnis. Beispielsweise durch Unkenntnis darüber, daß der Partner Versuchungen ausgesetzt ist. Wenn eine Frau im Glauben lebt, sie sei «Miß World» und ihr Mann sei über jegliche Versuchung erhaben (und er bestätigt dies auch mit seinen Worten), dann wird der Tag kommen, an dem die Frau vermutlich diese Lüge und Heuchelei empfindet. Statt nun die Tatsache der menschlichen Schwäche biblisch einzuordnen, wird sie eifersüchtig.

Andererseits kann ein Partner durch Bemerkungen bezüglich Erlebnissen in der Vergangenheit eifersüchtig werden. Dann folgen oft «Verhöre» wie bei einem Mordprozeß. Dieses Problem haben solche Eheleute nicht, die bereits vor der Verlobung bzw. Heirat «Licht machen». Eine «Generalbeichte» ist wertvoll: Dann weiß der Partner um das Versagen und um die dunklen Seiten, so daß diesbezüglich keine Eifersucht auslösenden Überraschungen mehr vorkommen können. Ein Ehepartner, der seine andere Hälfte als Gabe Gottes weiß – nicht als Besitz – und der sich selbst von Gott persönlich geliebt und geschätzt weiß, der kann mit Zuversicht und Erfolg gegen seine eifersüchtigen Gedanken angehen. Er wird lernen, bewußt Vertrauen zu investieren. Die andere Ehehälfte wird es ihm danken!

Der rechte Mittelpunkt

«Jesus die Sonne, das strahlende Licht! Jesus, die Freude, die Mauern durchbricht! Die auf ihn schauen, werden sein wie die Sonne, wie sie aufgeht in ihrer Pracht, wie sie aufgeht in ihrer Pracht.» So lautet der Refrain eines bekannten christlichen Liedes.

Jesus, die Sonne – dieses Bild ist auch für die Ehe äußerst wichtig. Ein Sonnensystem hat nur dann Bestand, wenn die Planeten um ihre Sonne kreisen, wenn die Sonne im Mittelpunkt steht. Wollte man einen anderen Planeten (z.B. die Erde) zum Mittelpunkt des Sonnensystems machen und die anderen Planeten dazu zwingen, um die Erde zu kreisen, wäre dies katastrophal. Das ganze Sonnensystem würde zusammenbrechen.

Ähnlich ist es auch in einer Ehe. Die Sonne, um die es zu kreisen gilt, muß Jesus Christus sein. Jeder Planet, den man an die Stelle der Sonne setzen will, zieht unweigerlich Katastrophen nach sich. Wenn die Ehe vor allem um die attraktive Frau oder den Mann oder die Kinder (oder den Fernseher, den Urlaub o.ä.) kreist, dann bricht das ganze

Sonnensystem bzw. Ehe-System zusammen. Die Frau oder der Mann oder die Kinder werden zu Götzen. Und ein Götze ist grundsätzlich überfordert! Er kann nie bringen, was man von ihm erwartet...

Die erfüllte Ehe kreist also um die Sonne Jesus Christus. Eine praktische Folge davon ist das gemeinsame Gebet (wo man den Willen Gottes sucht, die Gesinnung Jesu besser kennenlernt, sich von Gott ansprechen läßt) und die Gemeinschaft mit anderen Christen (wo man gemeinsam anderen dient, gastfrei ist, sich gemeinsam korrigieren läßt und gemeinsam auch mehr lieben lernt).

Wo diese Praktiken in der Ehe nicht gelebt werden, wird schwerlich Jesus der Mittelpunkt, die Sonne sein können. Stürzen Sie also zuerst die Götzen von ihrem Platz und kreisen Sie um die wahre Sonne Ihrer Ehe: Jesus Christus!

Am Ende des Kapitels über Ehekonflikte angekommen merken Sie, liebe Leserfreunde, daß ich vor allem auf die Probleme eingegangen bin, die sich hauptsächlich aus der Zweierschaft als solcher ergeben. Viele Eheprobleme sind ja keine *Ehe*probleme an sich, sondern reine Individualprobleme (wobei man natürlich auch behaupten könnte, daß sämtliche Eheprobleme Individualprobleme sind, insofern die Problematik ja immer bei jedem einzelnen liegt). Wir wollen aber hier besonders darauf hinweisen, daß eigentliche Individualprobleme (die sich in der Ehe negativ auswirken) als solche angegangen werden sollten: Depressionen, neurotisches Verhalten, Minderwertigkeitsgefühle, Jähzorn, schizophrene Symptome und andere psychische Störungen – mehr oder weniger ausgeprägt – sollten beim einzelnen Partner biblisch-therapeutisch angegangen werden.

Diesbezüglich möchten wir Sie auf die «Arbeitsgemeinschaft christlicher Berater» (AcB) hinweisen.

Diese gemeinnützige Arbeitsgemeinschaft veranstaltet regelmäßig und an verschiedenen Orten Seminare zu Themen wie «Ehetherapie», «Psychische Störungen und deren Bewältigung», «Kindererziehung», «Heilung von Depressionen und anderen seelischen Konflikten», «Wachsende Liebe in Freundschaft und Ehe» usw.

Diese Seminare seien dem einzelnen genauso empfohlen wie Ehepaaren, die dazulernen wollen.

Sie können die aktuellen Terminpläne mit den entsprechenden Unterlagen gratis und unverbindlich anfordern bei:

AcB
Hinterburgstr. 8
CH-9442 Berneck
Tel. 071/72 43 58

(Diese Seminare werden stets auch in den Zeitschriften «factum» und «ethos» lückenlos angezeigt.)

Beachten Sie bitte die hilfreiche Literatur, die in Zusammenarbeit mit der AcB (wie auch dieses Ehehandbuch) veröffentlicht wird. Die aktuellen Neuerscheinungen werden ebenfalls in den beiden obengenannten Zeitschriften bekanntgegeben.

Geschlechtliche Liebe

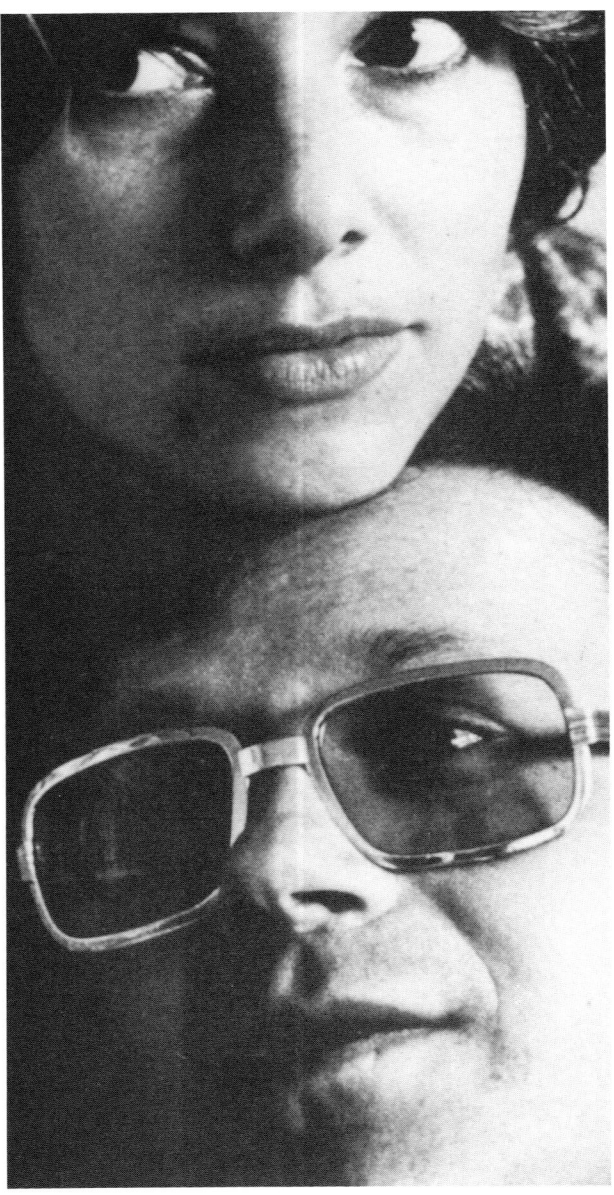

Wenn wir nun auf die körperliche Liebe zu sprechen kommen, so muß ich vorausschicken, daß dies kein dubioses Thema ist, denn Gott hat keine dubiosen Dinge geschaffen! *«Denn alles, was Gott geschaffen hat, ist gut, und nichts ist verwerflich, wenn es mit Danksagung genossen wird»* (1.Tim. 4,4). Das Wort Gottes sagt also, daß ein Christ den Sex als gut zu betrachten hat und ihn mit Danksagung genießen soll!

Leider hat in manchen christlichen Kreisen der Diabolos (Durcheinanderbringer = Teufel) die Gläubigen von anderen Ideen überzeugt, daß nämlich Sexualität fleischlich sei, Enthaltsamkeit geistlich, daß Sexualität ein notwendiges Übel ist, zur Fortpflanzung notwendig aber sonst zu nichts Gutem nütze. Solch eine Einstellung entehrt Gott, den Schöpfer der Sexualität.

Manche Christen reagieren auch deshalb so, weil sie nur die pervertierte Form der Sexualität kennengelernt haben: den Sexkonsum, die Ausschweifungen vor der Ehe, die Pornographie – das alles ist tatsächlich vom Teufel verzerrte Sexualität. Doch kann man nicht nur links vom Pferd fallen, sondern auch rechts; und zwar dann, wenn man das Kind mit dem Bade ausschüttet und meint, Sex sei grundsätzlich eine Angelegenheit der «Welt» und des «Teufels». Damit aber wirft man Gott indirekt vor, er habe bei der Erschaffung des Menschen, indem er ihn auch als sexuelles Wesen erschaffen hat, unklug und «ungeistlich» gehandelt. Das ist töricht! Das müssen wir unbedingt einsehen! Nach der Erschaffung des ganzen Menschen mit Geist, Seele und Leib (und Sexualität) sagt die Bibel: «Und Gott sah an alles, was er gemacht hatte, und siehe, es war *sehr gut*» (1. Mose 1,31).

Als Menschen, die auf Gottes Weisheit und Klugheit vertrauen, wollen wir auch den sexuellen Bereich mit einschließen und lernen, was sich Gott dabei gedacht hat, als er dem Menschen die Sexualität gab. Der alleinige Grund der Fortpflanzung kann's nicht gewesen sein, denn einerseits gibt es vielerlei Arten von Fortpflanzung in der Natur, und auch bei der geschlechtlichen Fortplanzung im Tierreich sehen wir meistens, daß eine geschlechtliche Vereinigung zwischen Männchen und Weibchen nur auf bestimmte Zeiten (Brunstzeit) beschränkt ist. Auch im sexuellen Bereich hat Gott den Menschen höher erschaffen als das Tier.

Andererseits wurde Sex von Gott *vor* dem Sündenfall geschaffen, und der Sündenfall des Menschen bestand nicht – wie man landläufig oft meint – in einem sexuellen Vergehen, sondern indem der Mensch Gott sein Mißtrauen aussprach, sich autonom machte und dadurch freiwillig einen eigenen, selbstgefälligen Weg wählte.

Verzicht auf sexuelle Betätigung ist also nicht geistlicher oder heiliger als intensives Sexualleben das nur dann gefährlich wäre, wenn es als letztes Ziel, als sich selbst genügend gelten würde.

Es leiden mehr Ehen durch sexuelle Enthaltsamkeit als durch übermäßige sexuelle Betätigung. Wiederholt muß man einen Ehepartner darauf aufmerksam machen,

Pervertierte Sexualität unterscheidet sich grundsätzlich von der uns von Gott zugedachten körperlichen Liebe, die stets in geistig-seelische Harmonie eingebunden sein soll.

daß er am Ehebruch des Partners genauso schuldig ist, weil er in einer ungeistlichen Weise an ehelicher Enthaltsamkeit festgehalten hat. Echtes Lieben heißt also auch, die sexuellen Bedürfnisse des Partners zu erforschen und zu befriedigen.

Denken wir doch daran, daß Intimbeziehungen einen verbindenden, einigenden und bereichernden Einfluß auf die Ehegemeinschaft haben. Dieses intime Vertrautsein wird ja nur mit dem Partner allein gepflegt, – die meisten anderen Bereiche werden meist auch mit anderen Menschen (wie z.B. den Kindern) geteilt.

Wenn Enthaltsamkeit angezeigt ist, dann sollte dies (gem. 1. Kor. 7,5) nach gemeinsamen Übereinkommen, wegen eines Grundes, der ernst genug für ein außergewöhnlich intensives Beten ist, und nur vorübergehend sein!

Sprüche 5,15 ff zeigt deutlich auf, daß Gott dem Menschen die Sexualität zuerst als Geschenk zur beiderseitigen Freude gegeben hat: *«Freue dich des Weibes deiner Jugend! Die liebliche Hindin, die anmutige Gemse – möge dich ihr Busen allezeit ergötzen, mögest du dich an ihrer Liebe stets berauschen!»* (V. 18 + 19). Das sind biblische Empfehlungen an einen Ehemann! Doch was heißt das nun für denjenigen praktisch, der das Wort Gottes ernst nimmt?

In 1. Mose 4,1 heißt es: *«Und Adam erkannte sein Weib Eva; sie aber empfing und gebar den Kain.»* Die sexuelle Vereinigung von Adam und Eva wird als «Adam erkannte Eva» um-

schrieben. Dies ist ein sehr treffender Ausdruck; denn, wie wir schon gesehen haben, heißt «lieben»: die Bedürfnisse des andern zu erforschen und zu stillen suchen. Dies muß auch im körperlichen Bereich gelten. Es ist hier die Aufgabe von Ehefrau und Ehemann, die Bedürfnisse des andern zu erforschen und zu stillen suchen. Das ist die «schuldige Pflicht», die zwei Liebende aneinander haben (1. Kor. 7,3–5).

Unmäßigkeit im Sexualleben

Obwohl mehr Ehen unter Mangel an Sexualität leiden, gibt es auch eine folgenschwere Unmäßigkeit in Sex. Manchmal hängt der heutige Mangel an Intimerleben sogar mit der früheren Unmäßigkeit zusammen («Kotzreaktion»). Das Intimleben kostet beiden Partnern Kraft, vor allem seelische Kraft. Unmäßigkeit wird daher Seele und Körper schwächen, statt erquicken. Vor allem im Nahen Osten gibt es Völker, bei denen es Gepflogenheit ist, sich regelmäßig öfter in der Nacht geschlechtlich zu vereinigen. Infolgedessen sind diese Leute dann erschöpft, ihr Leben ist ihnen Last, und sie können kaum ein normales Arbeitspensum erfüllen.

Jedermann weiß, daß man nach einer Zeit des Fastens oder Hungerns ein gutes Mahl doppelt genießt. Wer jeden Tag seine Lieblingsspeise ißt, dem wird sie «gewöhnlich» und verliert an Wert. Auch das beste Festmahl ekelt uns an, wenn wir es jeden Tag bekommen. Wer sexuell unmäßig ist und

«Völlerei» treibt, der wird auch kein richtiges «Fest» mehr feiern können. Mäßigkeit und vernünftige Zurückhaltung erhöhen den Genuß. Unmäßigkeit, also viel *Quantität,* geht auf Kosten von *Qualität.*

Kennen Sie die sexuellen Bedürfnisse Ihres Mannes? Ihrer Frau? Wissen Sie wirklich, wie Ihr Partner empfindet, was er wünscht, was ihn erfreut? Im Folgenden sollen nun einige praktische Hinweise gegeben werden.

Die Frau als sexuelles Wesen

Leider sind viele Männer äußerst «unwissend» über die Frau, obwohl (oder vielleicht gerade weil) sie unzählige Sex-Handbücher über geschlechtliche «Liebe» gelesen haben. Schon im Schulalter bekommt ein Bursche meist völlig falsche Informationen über das sexuelle Empfinden der Frau. Ein Mann muß sich zuerst bewußt werden, daß eine Frau sexuell völlig anders empfindet als ein Mann. Geschieht die sexuelle Erregung beim Mann mehr über visuelle Eindrücke, mehr über «Drüsentätigkeits-Reizung», so geschieht sexuelle Erregung bei der Frau in der Regel mehr durch «Atmosphäre». Eine Frau wird sexuell angeregt, wenn dazu das Fundament mit Zärtlichkeit, Rücksicht, Verständnis, Sicherheit gelegt wird. Einer Frau ist es wichtig, was sie empfindet, was sie seelisch spürt; sie ist nicht in erster Linie drüsenabhängig. Daher gehört es zur liebenden Pflicht eines Ehemannes, sich zu fragen, wie er seine Frau mit Zärt-

lichkeit umhüllen kann – und das schon Stunden vor einer sexuellen Vereinigung. Diese zärtliche Umhüllung geschieht meist durch besondere Kleinigkeiten, wie ein zärtliches Wort, ein liebevolles Umarmen, einen sanften Kuß auf die Wange.

Allerdings: Wenn ein Mann nur dann zu seiner Frau nett ist, wenn er sexuelle Absichten hat, fühlt sich die Frau betrogen, benutzt und mißbraucht. Diese zärtliche Umhüllung muß also auch in Zeiten geschehen, in denen keine Geschlechtsvereinigung erfolgt.

Eine Frau wird merken, wenn ihr Mann

Ehrfurcht hat, wenn ihr Mann sie als edle Perle behandelt. Das wird einer Frau sehr helfen «...nackt zu sein und sich nicht zu schämen» (1. Mose 2,25).

Seelisch nackt werden braucht Worte, braucht Gespräch. Der Mann braucht nicht zu fürchten, daß er durch sein sexuelles Begehren seine Frau beleidigt und die Frau wird sich nicht aus Unwissenheit oder falscher Scham verschließen und dem Manne verweigern, was sie ihm eigentlich schenken möchte. Hier kommt es zum liebevollen Rhythmus von Geben und Nehmen, von Begehren und Gewähren.

Da es die Aufgabe des Mannes ist, seine Frau zum sexuellen Höhepunkt zu führen, hat er also die Verpflichtung, den Gefühlen seiner Frau große Aufmerksamkeit zu widmen. Wenn Ärger, Groll, Unsicherheit, Sorge und Kälte herrschen, wird die Frau nicht fähig sein, einen erfüllenden sexuellen Höhepunkt zu erleben – egal welche «physiologischen Praktiken» der Mann anwendet.

Gerade in Sexfilmen werden Männer massenweise angelogen, indem gezeigt wird, wie eine Frau durch «sexuelle Technik» angeblich zu erfüllenden Höhepunkten kommt. Das alles ist nur gespielt – mit der Wirklichkeit hat dies nichts zu tun, auch wenn manche Frauen auf bloße physiologische Reizung ansprechen. Was sie aber erleben, ist mit dem Plätschern in einer Badewanne vergleichbar, nicht aber (so wie Gott es sich gedacht hat) mit dem Schwimmen und beglückendem Eintauchen in einen klaren See.

Als Ehemann fragen Sie sich also: Wie kann ich schon Stunden vorher meine Frau mit Zärtlichkeit umhüllen und Atmosphäre schaffen? Und dann: Welche psychische Stimulationen hat meine Frau gern? Welche helfen ihr, sexuell erregt zu werden? Denn auch die Zeit der geschlechtlichen Vereinigung soll logischerweise von dieser Atmosphäre der Zärtlichkeit, des Verständnisses, der Rücksichtsnahme geprägt sein.

Vielleicht hat Ihre Frau sanfte Musik gern? Oder sie schätzt Kerzenlicht – dann können Sie nicht einfach Ihre Discostrahler im Schlafzimmer anbringen.

Was vielen Männern Schwierigkeiten bereitet, ist die Tatsache, daß die Atmosphäre der Zärtlichkeit und der Geborgenheit vor allem durch Worte geschaffen wird. Und dann erlebt man Männer, die sind während der ganzen Zeit des sexuellen Beisammenseins stumm wie ein Fisch. Die Bibel fordert uns Männer auf, unsere Liebe zu unserer Frau in Worten auszudrücken. Beispiele sind uns im Hohelied gegeben:

«Wie schön sind deine Schritte in den Schuhen, du Edelfräulein! Die Wölbungen deiner Hüften sind wie Halsgeschmeide, von Künstlerhand gemacht. Dein Schoß ist ein rundes Becken, welchem der gemischte Wein nicht fehlen darf; dein Leib ein Weizenhaufen, mit Lilien eingefaßt; deine beiden Brüste wie zwei Rehkälbchen, Gazellenzwillinge; dein Hals wie der elfenbeinerne Turm, deine Augen wie die Teiche zu Hesbon am Tore Batrabbim, deine Nase wie der Libanonturm, der gen Damaskus

«Denn Liebe ist stark wie der Tod ... ihre Glut ist Feuerglut, eine Flamme des Herrn.» **(Hohelied 8,6)**

schaut. Dein Haupt auf dir gleicht dem Karmel, und dein Haupthaar dem königlichen Purpur, in Falten gebunden. Wie schön bist du und wie lieblich, o Liebe, unter den Wonnen! Dieser dein Wuchs ist der Palme gleich, und deine Brüste den Trauben. Ich denke, ich will die Palme besteigen und ihre Zweige erfassen, so werden deine Brüste den Weintrauben gleichen und der Duft deiner Nase den Äpfeln und dein Gaumen dem besten Wein, der meinem Geliebten glatt eingeht, über die Lippen Einschlafender gleitet» (Hohelied 7,2–10).

Haben Sie Ihrer Frau schon ähnliches gesagt?! Sie antworten, das würde Sie große Überwindung kosten – das glaube ich Ihnen aufs Wort! Ich verstehe auch, daß Sie keinerlei Bedürfnis haben, solche romantischen Worte Ihrer Frau beim Liebesleben ins Ohr zu flüstern. Doch denken Sie daran: Lieben heißt, die Bedürfnisse Ihrer Frau zu erforschen und zu befriedigen – egal ob Sie selbst ein entsprechendes Bedürfnis haben oder nicht. Fangen Sie deshalb einfach an – aus Liebe, nicht weil sie es grundsätzlich gern tun. Sind Ihre Worte dann von Ihrer inneren Entscheidung zum Lieben gespeist, so wird dies Ihre Frau als sehr beglückend empfinden.

Ihr Tonfall, Ihre Stimme, die Vorbereitungen zum wirklichen Ungestörtsein, dies alles gehört genauso zur notwendigen Atmosphäre wie Ihr Gepflegtsein. Wenn Sie nach Schweiß riechen oder unrasiert sind kann das genauso die Atmosphäre stören wie Ihr verletzendes, liebloses Wort vor einer Stunde oder die abfällige Bemerkung über die lackierten Fingernägel oder das Nachthemd Ihrer Frau (die ja alles um Ihretwillen «probiert» und angewendet hat).

Wie sich beispielsweise Angst und Nervosität der Frau auf Ihren Körper auswirkt, zeigen Tim und Beverly LaHaye auf: «Fast alle Frauen haben die entsprechenden Drüsen, um die notwendige Scheidenflüssigkeit zu erzeugen, die einen schmerzlosen Intimverkehr ermöglicht. Ist eine Frau aber angespannt und nervös, dann arbeiten die Drüsen nicht richtig, und es kann sein, daß sie ein schmerzhaftes Reiben empfindet. Deshalb kann die bloße Angst vor diesem Schmerz beim nächsten Mal den normalen Flüssigkeitsstrom verhindern. Die meisten Berater empfehlen für die ersten Ehewochen ein künstliches Gleitmittel, das Schmerzen verhindert und zu mehr Entspannung führt.» Je geringer die Spannung bei der Frau ist, desto erfüllter wird das Intimleben sein. Daher ist die Entspannung der Frau für einen liebenden Mann sehr wichtig.»

Denken Sie aber daran, daß Ihre Frau wirklich ein einmaliges Wesen ist. Und zu ihrer Einmaligkeit gehört, daß – im Gegensatz zum Mann – ihr oft das eine Mal etwas gefällt, was ihr ein andermal nicht gefällt. Diese wechselnden Stimmungen im Geschlechtsleben gehören zur Einmaligkeit Ihrer Frau. Akzeptieren Sie diese und gehen Sie darauf ein!

Aufgrund der bisherigen Überlegungen sollte dem Mann klar werden, daß zum *In-*

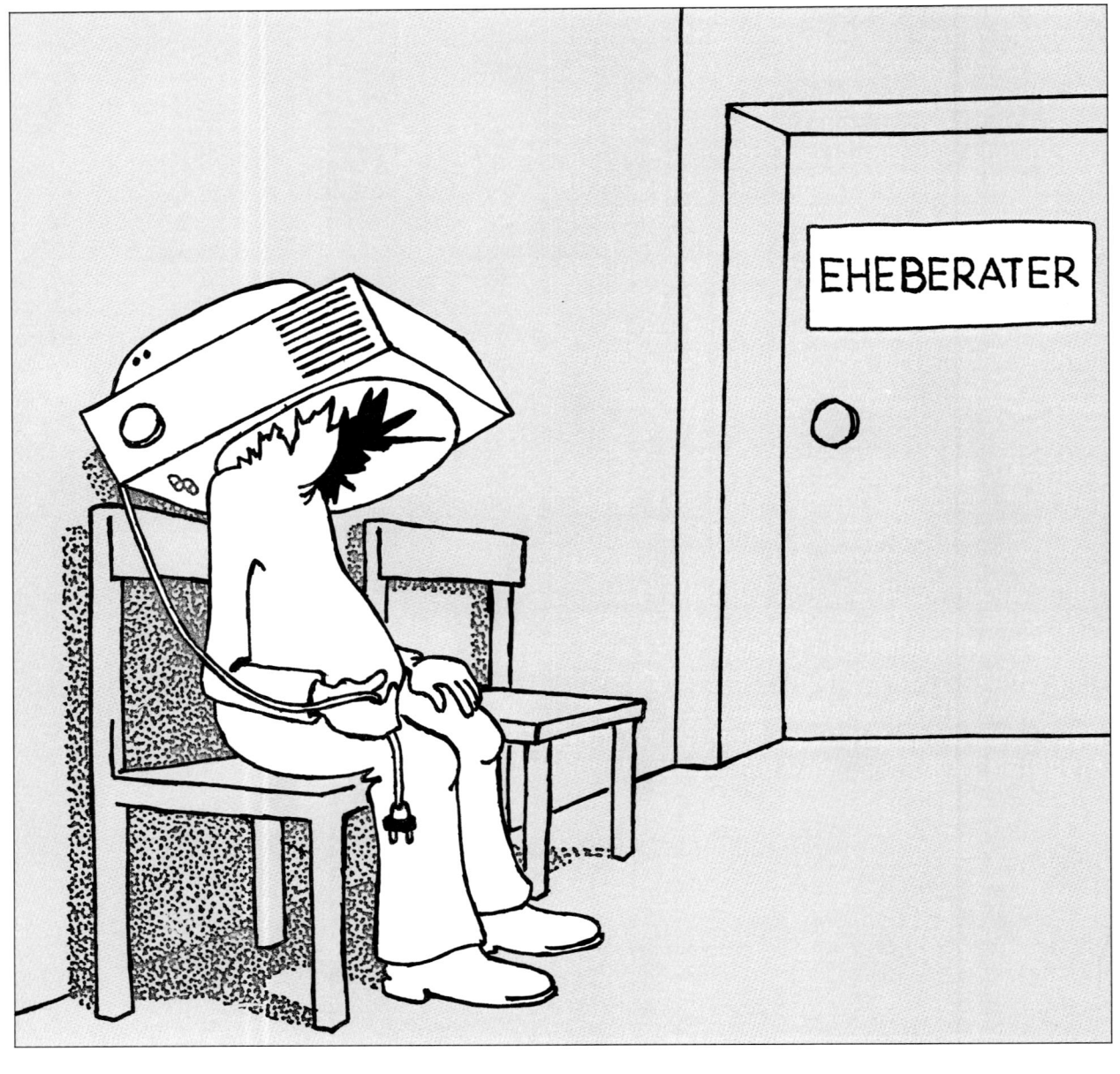

timleben unbedingt die nötige Zeit gehört, vor allem Zeit für das sogenannte *Vorspiel*. Eine kurze sexuelle Vereinigung ist meist (nicht immer – es kommt auf die Frau an) eine große Lieblosigkeit, die zur Gewohnheit beim Gang zu einer Prostituierten gehört, nicht aber zum Beisammensein mit einer Frau, die ich lieben möchte.

Das Vorspiel dient wunderbar dazu, seine Frau kennenzulernen. Sie dürfen auch Fragen stellen (liebevoll und zärtlich). Sie werden Ihr ganzes Eheleben hindurch viel zu lernen haben, was den sexuellen Bereich Ihrer Frau betrifft, daher stellen Sie sich positiv auf Erkundung, auf Erforschung ein.

Hier kann sich der Mann (wenn er die Notwendigkeit einsieht) als liebender Künstler entfalten. Die sexuelle Bereitschaft zur Hingabe wird bei der Frau durch ihre seelische Bereitschaft in Gang gebracht. Daher ist es lieblos, wenn sich der Mann wenig ums Vorspiel kümmert. Er verletzt dadurch die feinen Gefühle seiner Frau ganz empfindlich.

Ein erfüllendes Vorspiel kann nicht gestaltet werden, wenn der Mann zuerst noch bis kurz vor Mitternacht einen Fußballmatch im Fernsehen ansieht. Er wird dann keine Zeit mehr haben, sich liebend mit seiner Frau zu unterhalten. Nutzen Sie also die gemeinsamen Abendstunden aus!

«Die Freude an der Sexualität verträgt sich nicht mit einer Kommerzialisierung der Sexualität und dem weitverbreiteten Leistungsstreben, in das gerade emanzipierte Partner sich hineinsteigern. Die Freude verträgt sich nicht mit dem Beobachten und Vergleichen des ‹Erfolgs› und mit der ganzen Gier und Hast des modernen Lebens. Insofern sind wir trotz aller Aktivität mitten in einer Zeit des sexuellen Verfalls, denn Sexualität ist mit Zärtlichkeit unlösbar verbunden, und Zärtlichkeit, bei der man auf die Uhr und in den Spiegel sieht, ist ein Ding der Unmöglichkeit» (Kientzel).

Leider wird in vielen Ehehandbüchern immer wieder vom Nonplusultra des gemeinsamen geschlechtlichen Höhepunktes geschwärmt. Natürlich darf man dieses Ziel anvisieren, doch erstens wird dazu viel Lernen und viel Erfahrung notwendig sein, so daß ein junges Ehepaar große Enttäuschungen erlebt, wenn es stets in der Erwartung dieses Erlebnisses steht, und zweitens ist es viel wichtiger (und genauso beglückend), daß das erste Ziel das Eingehen auf den Partner ist. So ist es wohl kaum möglich, daß eine Frau einen Höhepunkt erlebt, wenn der Mann frühzeitig einen Samenerguß hat. Und dies geschieht dann leider allzuoft, wenn sich ein Mann von der Erfordernis des gemeinsamen sexuellen Höhepunktes einfangen läßt.

Denken Sie als Mann also zuerst an Ihre Frau und versuchen Sie nicht wie ein Egoist, den eigenen Samenerguß für sich allein auszukosten.

Viele Ehepaare erlebten auch große Freude und Erfüllung, als sich zuerst die Frau ganz ihrem Manne hingab und dann der Mann ganz entspannt die Liebe seiner Frau genoß. Gemeinsames Austauschen, darüber reden, ist dabei unumgänglich. Der Mann muß beispielsweise auch wissen, ob er seiner Frau nach deren Höhepunkt nicht unnötige Schmerzen durch die Art seines Beiwohnens bereitet.

Auch muß man vor der Überbewertung des sexuellen Höhepunktes warnen, wie es – auch in christlichen Ehebüchern – häufig geschieht. Besonders für die Frau ist das Erleben von Zärtlichkeit und Geborgenheit beim Intimleben von großer Bedeutung. Auch ohne sexuellen Höhepunkt ist demnach ein erfülltes Intimleben möglich! Das sogenannte Nachspiel gehört ebenfalls zu einem liebenden Geschlechtsleben. Die wohltuende Entspannung zu erhalten, ist vor allem für die Frau sehr wichtig. Nutzen Sie doch auch die Offenheit der Seele nach einem sexuellen Höhepunkt. Zärtliches in die Arme nehmen, miteinander reden, sich liebkosen, Komplimente machen ... das beglückt eine Frau bis ins tiefste. Auch hier muß der Mann lernen, nicht nach seinen eigenen Lüsten zu leben (und sich vielleicht schnell anderen Dingen – z.B. Schlaf – zuzuwenden).

Gerade hier zeigt es sich auch, daß Sex weitaus mehr ist als Drüsenfunktion, als selbstsüchtiges Genießen.

Der Mann muß also unbedingt bedenken, daß die ganze Persönlichkeit der Frau im Sexualleben aufgewühlt wird – und somit wird sie entweder tief beglückt oder auch bitter enttäuscht.

Je mehr der Mann seine Frau «erkennt», sich auf ihre Bedürfnisse einstellt und zu lernen wünscht, desto mehr wird er seine Frau zur Freude an der Sexualität befähigen.

Lernen Sie also immer besser kennen: die seelische Lage Ihrer Frau, ihre individuellen Reaktionen, ihre körperlichen Eigenarten und auch – um die Frau wirklich immer besser verstehen zu lernen – die Funktionen ihrer Organe. Damit wollen wir uns jetzt noch kurz beschäftigen:

Die weiblichen Geschlechtsorgane

Die Eierstöcke sind mandelförmig, rund 4 cm lang, 2 cm breit und 1 cm dick. Bereits bei der Geburt hat ein Mädchen in seinen Eierstöcken sämtliche 400 000 Eianlagen in unreifem Zustand. Mit dem Ende der Pubertät werden diese Eianlagen nacheinander reif (wobei jedoch nur etwa 400 im Leben einer Frau zur vollen Reife gelangen). Jeweils die reifste Eianlage springt auf und gibt ein Ei frei. Das gesprungene Ei wird von den Saugarmen des Eileiters aufgefangen, der – wie schon der Name sagt – das reife Ei in die Gebärmutter weiterleiten soll. Das dauert ungefähr 3 bis 4 Tage. Wenn während dieser Zeit eine Sexualvereinigung stattfindet, dann ist es wahrscheinlich, daß eine Samenzelle den Weg zum befruchtungsfähigen Ei findet und sich mit ihm vereint. In diesem Augenblick haben sich die beiden Chromosomensätze, die zur Bildung eines fertigen Menschen notwendig sind, bereits zu einem menschlichen Wesen in fötalem Zustand vereinigt. Wird ein Ei allerdings nicht von einer Samenzelle befruchtet, so wandert es bis in die Gebärmutter weiter und löst sich dort auf. Die Gebärmutter ist etwa so groß wie eine Birne und ist ihr auch in der Form ähnlich. Die Gebärmutterwand besteht aus einer kräftigen Muskelschicht. Der obere dickere Teil wird Gebärmutterkörper genannt, hier münden links und rechts die beiden Eileiter ein. Der schlanke untere Teil heißt Gebärmutterhals, dessen Drüsen eine durchsichtige, meist zähe Flüssigkeit absondern. Dieses Sekret verändert sich während des Zyklus der Frau. Zur Zeit des Eisprungs wird es dünnflüssig, die Samenfäden des Mannes können ungehindert eindringen. Vor und nach dem Eisprung ist das Sekret zäh und für die männlichen Samenfäden undurchdringlich.

Der Gebärmutterhals ragt wie ein Zapfen in die Scheide. Seine äußere Öffnung wird als äußerer Muttermund bezeichnet.

Die Scheide (Vagina) der Frau ist ein elastischer Schlauch von etwa 9 bis 10 cm Länge, mit einer Wand aus Bindegewebe und Muskeln. Dies ist auch deshalb wichtig zu wissen, weil es demnach für ein männliches Glied keine zu kleine Scheide geben kann, – man denke nur daran, wie weit sich eine Scheide dehnen kann, wenn sie zum Geburtskanal wird. Das Gefühl, die Scheide sei zu klein entsteht hauptsächlich durch eine vaginale Verkrampfung, häufig ausgelöst durch Furcht, Unsicherheit und vor allem durch fehlende Geborgenheit. Von innen ist die Scheide mit einer Schleimhaut, die in Querfalten angeordnet ist, ausgekleidet. Während der sexuellen Erregung wird

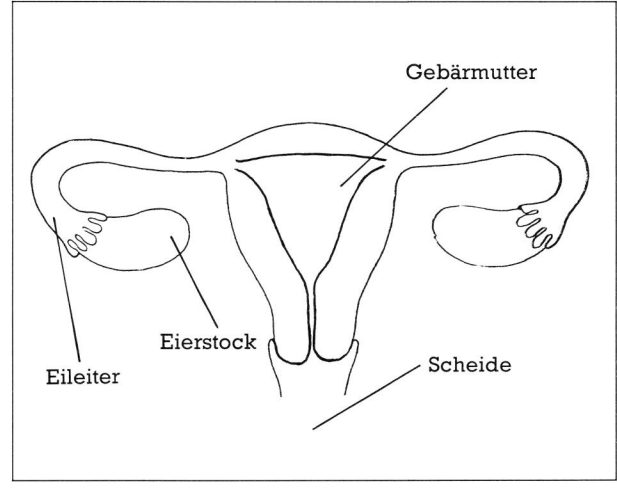

die Scheide kräftiger durchblutet und feuchter. Beim sexuellen Höhepunkt zieht sich die Muskulatur der Scheide und des Beckenbodens zusammen.

Unzählige kleine Drüsen der Scheidenwand erzeugen einen dauernden reinigenden Flüssigkeitsfilm, der nicht nur eine gute Gleitfähigkeit erzeugt, sondern auch die Scheide reinigt. Nahe des Scheidenausgangs gibt es eine Menge empfindlicher Nerven, auf deren Signale ein Ringmuskel anspricht, der die nach außen führende Scheidenöffnung umgibt. Dieser Ringmuskel kann von der Frau willentlich angespannt und entspannt werden (wenn sie es übt). In diesem Ringmuskel sind auch weitere Drüsen eingebetet, die bei sexueller Erregung zusätzliche Gleitflüssigkeit erzeugen.

Die großen Schamlippen sind weich ge-

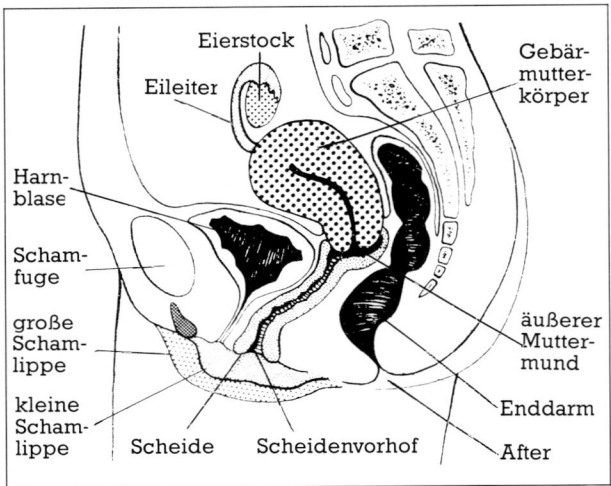

polsterte und behaarte Hautfalten. Darunter liegen die kleinen Schamlippen, die den Scheidenausgang und den Ausgang der Harnröhre bedecken. Die kleinen Schamlippen treffen sich vorn an der Klitoris. Sie spielt eine wichtige Rolle für die sexuelle Erregung und für den sexuellen Höhepunkt. Die Spitze der Klitoris ist etwa ein bis zwei Zentimeter lang und hat am äußeren Ende einen kleinen, etwa erbsengroßen runden Körper, der Glans genannt wird und soviel wie «Eichel» bedeutet.

Sexuelle Erregung läßt die kleinen Schamlippen auf das Doppelte und Dreifache ihrer Normalgröße anschwellen.

Wenn eine Frau noch keinen Intimverkehr gehabt hat, ist ihre Scheide teilsweise von einer Haut verschlossen, der sogenannten Jungfernhaut (Hymen).

In einigen Fällen verschließt das Hymen die gesamte Scheidenöffnung, so daß die Haut vom Arzt eingeschnitten werden muß, damit ein Abfließen des Menstruationsblutes möglich wird und es nicht zu Rückstauen, zu Schmerzen und Entzündungen kommt. Das Hymen der Frau ist jedoch recht unterschiedlich entwickelt. Es kann auch von Geburt an fehlen und ist daher kein Zeichen für einen erfolgten Intimverkehr.

In der Regel weist das Hymen eine etwa 2 cm große Öffnung auf, die allerdings keinen schmerzfreien Intimverkehr zuläßt. Daher wird in der ersten Sexualvereinigung das Hymen eingerissen. Da dies oft recht schmerzhaft sein kann gehört es zur wichtigsten Aufgabe eines liebenden frischgebackenen Ehemannes, seine Frau darauf liebevoll vorzubereiten. Je entspannter die Frau ist, desto besser. Auch sollte reichlich Gleitflüssigkeit an das Glied und um die Scheidenöffnung gestrichen werden. In der liebevollen Umarmung sollte man eine solche Stellung wählen, daß die Frau selbst den Druck auf das Hymen regulieren kann, und nicht einfach überwältigt wird. Der größte Schmerz entsteht, wenn der Mann zu schnell eindringt und nicht darauf achtet, daß die Muskeln um die Vagina entspannt sind.

Junge Ehepaare sollten sich nicht zur «Entjungferung» in der Hochzeitsnacht drängen lassen. Erstens ist der erste Intimverkehr viel mehr angebracht, wenn man sich nach der Hochzeit viel Zeit nimmt, aufeinander eingeht (z.B. in den Hochzeitsferien) und die seelischen und körperlichen Bedürfnisse kennen und stillen lernt, als ein Geschlechtsverkehr, den man «halt in der Hochzeitsnacht *leistet*, weil das so üblich ist». Gerade Christen sollten sich hier nicht von den Forderungen der Welt mitreißen lassen, sondern der zärtlichen Liebe Gelegenheit zu ihrer Entfaltung geben. Wenn das Hymen beim ersten Versuch trotzdem nicht einreißt, so sollten die Ehepartner besser in anderer Weise zärtlich zueinander sein und es später nochmals versuchen. In einigen Fällen kann es auch nötig sein, daß man einen Arzt aufsuchen muß, der einen kleinen Eingriff bezüglich des Hymens macht.

Grundsätzlich ist hier einfach wichtig: sich Zeit lassen, rücksichtsvoll und zärtlich sein, nichts überstürzen, nicht meinen, etwas vollbringen zu müssen und sich darauf einstellen, daß es grundsätzlich «anders ist, als man es sich vorgestellt hat».

Zu den Geschlechtsorganen und der erogenen Zone der Frau gehören auch ihre Brüste.

Der Zyklus der Frau

Im Körper jeder gesunden Frau vollzieht sich in nahezu gleichen Zeitabständen immer der gleiche Vorgang: die Vorbereitung auf eine Schwangerschaft. Dabei wird alles von verschiedenen Hormonen gesteuert, die aufeinander eingespielt sind. Etwa vom 11. Lebensjahr an werden bestimmte Hormone im Körper produziert, die das Mädchen zur Frau reifen lassen. Ein deutliches

Zeichen dafür ist der Beginn der Periode. Im Alter von ca. 45–50 Jahren wird diese Hormonproduktion im wesentlichen wieder eingestellt. Als *Zyklus* wird die Zeit zwischen dem ersten Tag der Regelblutung und dem letzten Tag vor der nächsten Regel gezählt. Meistens ist er 28 Tage lang. Zykluslängen von 25–35 Tagen gelten als normal.

In der Mitte des Zyklus, also etwa am 14. Tag nach dem ersten Tag der Blutung, geben die Eierstöcke eine Eizelle frei. Das nennt man auch *Ovulation* oder *Eisprung*. Das Ei wird dann vom Eileiter aufgenommen. Dort bleibt es für ein paar Tage. Findet in dieser Zeit eine Geschlechtsvereinigung statt, kann es von einer männlichen Samenzelle befruchtet werden. Das Ei ist allerdings nur 6 bis 12 Stunden befruchtungsfähig. Die Samenzellen können jedoch zwei bis drei Tage im Eileiter lebensfähig bleiben.

In der Zwischenzeit hat die Gebärmutter praktisch ein Eibett vorbereitet. Das heißt, die Gebärmutterschleimhaut hat sich entsprechend aufgebaut. Das befruchtete Ei braucht drei Tage, um durch den Eileiter zur Gebärmutter zu gelangen. Dann dauert es noch einmal vier Tage, bis das Ei beginnt, sich in der Schleimhaut einzunisten. Und noch einmal etwa fünf Tage sind nötig, bis sich die winzige Eizelle richtig in die Schleimhaut eingebettet hat.

Fast die Hälfte aller befruchteten Eizellen steht diesen langen, anstrengenden Prozeß gar nicht durch. Auch ein unbefruchtetes Ei stirbt ab. Das vorbereitete Eibett wird von der Gebärmutter dann ganz natürlich wieder abgestoßen. Ein sicheres Zeichen dafür ist die monatliche Regelblutung, mit der die Schleimhaut abgestoßen wird. Das heißt, wenn die Regel eintritt, kann eine Frau auch sicher sein, daß es nicht zu einer Empfängnis gekommen ist.

Monatshygiene

Leider haben sich in manchen Kreisen bezüglich der Frau noch mittelalterliche Vorstellungen gehalten. Eine Frau kann sich während ihrer Menstruation nämlich frei bewegen, kann turnen und schwimmen, sie sollte sich allerdings nicht überanstrengen. Beim Schwimmen sollte aus hygienischen Gründen ein Tampon getragen und darauf geachtet werden, daß das Wasser weder zu kalt noch schmutzig ist. Haarewaschen und vor allem Duschen ist während der Regel nicht nur erlaubt, sondern besonders empfohlen, da eine Frau meist mehr schwitzt als sonst. Waschungen sind also angebracht, nicht aber z.B. Scheidenspülungen, die nicht nur nichts nützen, sondern schaden können. Während der Regel, wenn die Blutung im Gange ist, ist vom Intimverkehr abzuraten.

Zum Auffangen des Menstrualblutes verwendet man Binden oder Tampons. Die aus Watte bestehenden Damenbinden haben den Nachteil, daß sie sich z.B. unter Badeanzügen leicht abzeichnen und, da sie äußerlich getragen werden, es auch leichter zu unangenehmen Gerüchen kommen kann.

Tampons werden in die Scheide eingeführt und, wenn der Tampon richtig sitzt, spürt man ihn nicht. Allerdings sollte nie vergessen werden, am Ende der Regel den letzten Tampon bald zu entfernen, da es sonst leicht zu Entzündungen kommen könnte. Binden und Tampons müssen mehrmals täglich gewechselt werden. Auch Mädchen, die noch ein Hymen besitzen, können einen Tampon tragen, da das Hymen in der Regel die Scheidenöffnung ja nur einengt. Gewaltsam sollte ein Tampon aber nie eingeführt werden.

Der Mann als sexuelles Wesen

Wie wir schon festgestellt haben, sind die meisten Männer aufgrund der «weltlichen Informationen» nicht richtig informiert, was den sexuellen Bereich der Frau angeht. Leider meinen aber viele Frauen, ihre Männer wüßten Bescheid. Dem ist aber nicht so. Daher soll sich die Frau grundsätzlich darauf einstellen, offen mit ihrem Mann zu reden, ihm zu zeigen, daß sie ihn begehrt und den Weg zu ihrem Körper weisen möchte. Vielleicht muß die Frau erst lernen, richtig über Sex zu denken (= von Gott als «sehr gut» geschaffen). Ihr Mann möchte Ihr Liebhaber sein. Wenn eine Frau aber sexuell negativ reagiert, so verhindert sie dies. Ein sexuell befriedigter Mann wird zur ganzheitlichen Liebe angespornt und ein zufriedener Mann sein. Oft erzeugt die Frau aus falscher Scham heraus sexuelle Gleichgültigkeit und Stumpfheit beim Mann. Logisch, daß dadurch die ganze Ehe in Mitleidenschaft gezogen wird.

Anders als die Frau reagiert der Mann mehr visuell auf sexuelle Reize. Sein Geschlechtstrieb steht im engen Zusammenhang mit der körperlichen Drüsentätigkeit. Meist wird er sexuell viel schneller Erregung erfahren als die Frau. Daher kann ein Mann sich sexuell betätigen ohne große seelische Anteilnahme, eine Tatsache, die eine Frau nur schwer nachempfinden kann. Deshalb fühlt sich der Mann manchmal auch innerlich sexuell unterlegen. Er weiß um seine «Schwäche» (die eigentlich nur Andersartigkeit ist) und wird sich der wirklichen Schwäche dieser Andersartigkeit be-

wußt: nämlich die Gefahr der Oberfläch-
lichkeit bei sexueller Betätigung.

Eine Frau sollte grundsätzlich die Andersartigkeit des Mannes akzeptieren. Sie muß
wissen, daß ein Mann *automatisch* sexuell
angefochten wird, wenn er visuell weiblichen Reizen ausgesetzt wird. Dieses Ange-
fochtensein hat absolut nichts mit innerer

Untreue zu tun, oder daß ein Mann seine
Ehefrau nicht mehr liebt.

Sind Sie sich als Ehefrau daher den Versuchungen bewußt, denen Ihr Mann tagtäg-
lich ausgesetzt ist? Automatisch wird ein
Mann sexuell stimuliert, wenn die visuell
anregenden Werbungen, Medienprodukte,
die erotisch herausgeputzten Arbeitskolle-

ginnen auf ihn einwirken. Natürlich wird ein liebender Mann diese Anfechtungen nicht füttern und sich in seiner Phantasie nicht sexuell hingeben – das wäre nämlich «Ehebruch im Herzen», erst das würde zur Sünde werden.

Die Frau kann ihrem Mann sehr helfen, die Anfechtungen zu überwinden, wenn sie ihm eheliche Entspannung, eheliche sexuelle Erfüllung schenkt. Gott hat es nun einmal so eingerichtet, daß beim Ehemann, *wenn er sich sexuell betätigt,* auch laufend regelmäßig Samenflüssigkeit erzeugt und Entspannung verlangt wird. Das heißt nicht, daß der Mann nicht lernen sollte, sich in bestimmten Zeiten zu enthalten. Wenn er seine

Gedanken unter die Zucht Gottes stellt, sich kein Geschlechtsleben vorstellt, was nämlich seine Drüsentätigkeit und sein Verlangen fördern würde, dann wird ihm das auch gelingen. Doch ist dies nicht der normale Zustand. Eine Frau, die diesbezüglich ihren Mann überfordert (denken Sie daran, daß auch Ihre «Unzulänglichkeit» nicht automatisch das sexuelle Bedürfnis Ihres Mannes verhindert), wird dessen Anfälligkeit gegenüber anderen Frauen, die mehr Verständnis für seine sexuellen Bedürfnisse haben, verstärken.

Außerdem wird eine Frau, die das sexuelle Leben nur «über sich ergehen läßt», die erotische Spannung ihres Mannes zunichte machen.

Gerade hier wird es nun deutlich wie ergänzungsbedürftig Mann und Frau sind. Die Frau wird selbst viel Freude erleben, wenn sie es lernt, die Bedürfnisse des Mannes zu erkennen. Doch auch hier geht's nie ohne gemeinsame Gespräche und gemeinsames Austauschen.

Aufgrund dieser Gedanken ist es für die Frau klar, daß ihre sexuelle Rolle nicht aus Passivität besteht. Auch eine Frau darf und soll aktiv sein, auch sie soll sich dem Rhythmus von Begehren und Sich-Hingeben ausliefern.

Lassen Sie uns noch einige Fakten über die organischen Funktionen des Mannes betrachten:

Die männlichen Geschlechtsorgane

Zu den männlichen Geschlechtsorganen gehören neben Hoden und Nebenhoden die Samenleiter, die Vorsteherdrüse (Prostata), die Harnröhre und das Glied (der Penis).

Die Hoden sind Keimdrüsen, die täglich viele Millionen Samenzellen entwickeln. Der linke Hoden ist meistens etwas größer und liegt etwas tiefer als der rechte. Die Lage der etwa nußgroßen Hoden außerhalb des Körpers ist zur Bildung von Samenfäden notwendig, denn diese benötigen eine Temperatur, die 2° bis 3° C niedriger liegt als die Körpertemperatur. Die Nebenhoden umgeben in Form eines Halbmondes die Hoden und haben vor allem die Aufgabe, den reifen Samen zu speichern. Die beiden Samenleiter führen von den Hoden zu den Nebenhoden und weiter zur Prostatadrüse. Dort vereinigen sich die beiden Samenleiter und münden in die Harnröhre. Deshalb ist auch gleichzeitiges Ausstoßen von Samen und Urin nicht möglich.

Die Vorsteherdrüse (Prostata) ist etwa kastaniengroß und führt bei älteren Männern häufig zu Beschwerden. Sie kann sich nämlich im Alter vergrößern und dadurch die Harnröhre abquetschen, was zu Schwierigkeiten beim Wasserlassen führt.

Das männliche Glied (Penis) besteht zum größten Teil aus einem Bindegewebegeflecht, den sogenannten Schwellkörpern, und ist in seiner ganzen Länge von der Harnsamenröhre durchzogen. Bei sexueller Erregung füllen sich die Hohlräume der Schwellkörper mit Blut und werden erweitert, was zur Verdickung, Versteifung und

Vergrößerung des männlichen Gliedes führt (Erektion). Nur ein versteiftes Glied kann beim Intimverkehr in die Scheide der Frau eingeführt werden. Die Größe des Penis hat im Blick auf die sexuelle Befriedigung keine Bedeutung.

Das Glied wird von drei Schwellkörpern durchzogen. Der Schwellkörper, in dem die Harnsamenröhre verläuft, bildet an seinem Ende die Eichel (Glans). Die Eichel besitzt einen vorspringenden Rand (Kranzfurche). Bedeckt ist die Eichel von einer dünnen, leicht verschiebbaren Haut (Vorhaut), die sich den Größenänderungen des Gliedes anpaßt und sich über die Eichel zurückschieben läßt. Ist ein Zurückziehen der Haut nicht möglich, liegt eine Vorhautverengung (Phimose) vor, die man ärztlich behandeln lassen sollte. Eine Erektion des männlichen Gliedes tritt aber nicht nur bei Berührung und sexueller Erregung (auch durch sexuelle Phantasie oder visuelle Eindrücke) auf, sondern kann auch eintreten, wenn die Harnblase, etwa früh morgens, stark gefüllt ist und auf Nervenbahnen drückt, die über das Rückenmark eine Erektion auslösen.

Da sich unter der Vorhaut der Vorhauttalg (Smegma) bildet, der nicht nur übelriechend, sondern auch krebserregend ist, muß das männliche Glied täglich gereinigt werden. Bereits einem kleinen Jungen sollte man das beibringen. So wie er sich Gesicht säubert und Zähne putzt, so soll er auch täglich die Vorhaut zurückziehen und Eichel sowie Innenseite der Vorhaut mit warmem Wasser säubern. Die ungereinigte Eichel kann auch zu Entzündungen führen.

Die männlichen Geschlechtsteile sind außerordentlich berührungsempfindlich. Bei Liebkosung seitens der Frau wird eine angenehme sexuelle Erregung erzeugt, die auf die Geschlechtsvereinigung vorbereitet.

Wichtig ist für einen Mann das Wissen, daß sich mit Ende der Pubertät aufgrund der gesteigerten Samenbildung ein Druck aufbauen kann. Die Samenbläschen der Prostata sind prall gefüllt, die Schwellkörper des Gliedes füllen sich mit Blut, was eine Erektion hervorruft. Manchmal kommt es, dann in der Nacht automatisch zum Samenerguß. In Teenagerjahren gibt es beim Mann häufig solche nächtlichen Samenergüße, die ihn keinesfalls beunruhigen sollten.

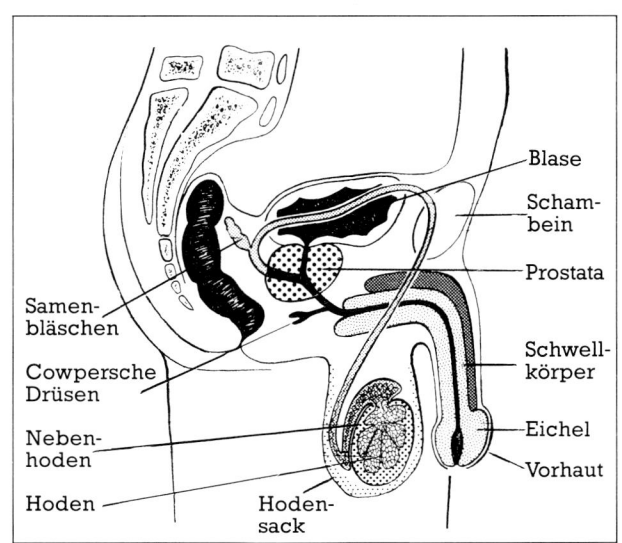

Blase

Scham-
bein

Prostata

Schwell-
körper

Eichel

Vorhaut

Samen-
bläschen

Cowpersche
Drüsen

Neben-
hoden

Hoden

Hoden-
sack

Erreicht die sexuelle Erregung ihren Höhepunkt, werden die Samenzellen durch die Samenharnröhre hinausgeschleudert, und man spricht vom Samenerguß (Ejakulation).

Beschneidung

Unter der Beschneidung, im Judentum am achten Lebenstag, ist die Entfernung der Vorhaut zu verstehen. Die symbolische Gehorsamshandlung des Alten Testamentes hatte aber auch gesundheitliche Gründe – vor allem in den heißen Gebieten des Orients. Wie bereits erwähnt, lagert sich ja zwischen Eichel und Vorhaut das Smegma ab, ein gelblich-weißes Gemisch aus abgestorbenen Zellen und Drüsensekreten, das krebsfördernde Eigenschaften aufweist. So ließ sich nachweisen, daß bei beschnittenen Männern fast nie Krebs am Penis entstand, wobei auch Frauen von beschnittenen Männern, bei denen sich kein Smegma ansammeln kann, viel seltener von Gebärmutterkrebs befallen wurden als andere Frauen. Peniskrebs kommt bei jüdischen Männern praktisch überhaupt nicht vor und Gebärmutterhalskrebs bei Jüdinnen fünfmal seltener als bei anderen Frauen.

Durch solche Daten könnte man zur Überzeugung gelangen, daß man auch in unserer westlichen Welt die Beschneidung grundsätzlich einführen sollte. M.E. sind viele Ärzte mit Recht dagegen, weil nämlich ausreichende Hygiene die gleiche krebsvorbeugende Wirkung hat. Wenn die tägliche Reinigung des Penis zur Gewohnheit geworden ist, dann kann sich auch kein Smegma ansammeln. Es stimmt auch nicht, daß beschnittene Männer bessere Liebhaber seien. Wohl wird durch die Beschneidung die Eichel unempfindlicher, was zu einer Verlängerung des Intimverkehrs führen kann, d.h. es dauert länger, bis der Mann zum Samenerguß kommt, doch dies braucht nicht unbedingt ein Vorteil für das sexuelle Leben zu sein.

Weiterführende Literatur:

Empfohlen sei hier das Buch «Erfüllende Sexualität», 160 Seiten, geb.

Aus dem Inhalt:
Ego-Sex oder Liebes-Sexualität?; Ego-Sex in der Ehe; Ego-Sex im christlichen Gewand; Die Liebes-Sexualität und ihre segensreichen Folgen; Folgen von Ego-Sex; Sexualtherapie; Biblische Sexualtherapie; Frigidität und Impotenz; Homosexualität und Lesbianismus; Masturbation (Selbstbefriedigung); Vorehelicher Geschlechtsverkehr und mögliche Auswirkungen; Vorzeitige Ejakulation; Analverkehr; Alleinstehend; Der Orgasmus bei der Frau; Angst vor einer Schwangerschaft; Freie-Körper-Kultur; Was heißt «pervers»?; Mein Mann hat Perversionen gern...; Schuldige Pflicht kontra Verweigerung; u.a.m.

Fragen und Antworten

Dauererektion

«Unser Sohn leidet darunter, daß er an seinem Glied von Dauererektionen heimgesucht ist. Diese sind allerdings recht schmerzhaft. Da er dies nicht beeinflussen kann, und – wie er behauptet – nicht im Zusammenhang mit irgendwelchen erregenden Gedanken steht, schämt er sich sehr. Wissen Sie einen Rat?»   H.R., Minden

Vermutlich leidet Ihr Sohn an Priapismus, das ist eine Krankheit, die als Erscheinungsbild schmerzhafte Dauererektionen aufweist. Ursache sind zumeist Verstopfungen der Gefäße durch Blutgerinnsel, Entzündungen der Schwellkörper, einschnürende Narben, Tumore oder Nervenstörungen. Schicken Sie Ihren Sohn unbedingt zum Arzt.

Nicht durch Trauschein aneinanderketten...?

«Meiner Meinung nach muß sich Liebe auf Freiwilligkeit gründen. Meine Freundin und ich leben unsere ‹Ehe›, ohne zu heiraten, damit jeder nach wie vor die Freiheit hat, ja oder nein sagen zu können. Würden wir uns durch einen Trauschein aneinanderketten, wäre unsere Liebe nicht mehr freiwillig, sondern ein Muß.»   Albert T.

Das klingt recht edel, doch geht eine solche Haltung an der Wirklichkeit vorbei; denn:

1. ist Liebe ohne den willentlichen Entschluß zum Durchhalten – auch wenn's stürmt – keine wirkliche Liebe. Liebe beruht dort auf Freiheit, wo Sie sich frei entscheiden können, wem Sie lebenslang anhangen wollen; dort, wo Sie sich frei entscheiden können, wen Sie lieben wollen – für immer!

Nach wie vor ja oder nein sagen zu können, widerspricht echter Liebe; denn Liebe muß verbindlich sein. Echte Liebe heißt nämlich auch «Verpflichtung». So ist Liebe ohne Treue gar keine wirkliche Liebe, sondern letztlich eine ichbezogene Aktivität, die ich nur so lange ausübe, wie es mir paßt.

2. erleben Sie in Ihrer Partnerschaft nicht, was «Ehe» wirklich heißt, denn das unauflösliche Treueversprechen baut eine Gemeinschaft, einen Schutzraum, vermittelt Geborgenheit und Sicherheit, was gerade in Konflikten besonders zum Tragen kommt. Vor allem das tiefgründige seelische Empfinden der Frau leidet – oft unbewußt – unter dem Fehlen dieses Schutzraumes. Das macht eine Frau unsicher und unzufrieden. Probleme können ganz anders bewältigt werden, wenn das verbindliche Treueversprechen gegeben ist; und

3. möchten Sie eine eheliche Gemeinschaft leben ohne Verpflichtung, ohne Bereitschaft, daß aus Ihrer Ehe auch Kinder hervorgehen. Sie leben letztlich einen zweisamen Egoismus. Vor allem Kinder brauchen jedoch diesen Schutzraum lebenslanger Treue, um sich in Geborgenheit entwickeln zu können. Kinder könnten Ihnen vielleicht noch weit besser verdeutli-

chen, daß Liebe nicht jene Freiheit meint, wo der Papi eines Tages keine Lust mehr hat, seiner Familie treu zu sein, sondern daß Liebe in eine Entscheidung mündet, in einen Entschluß zu lebenslanger Verpflichtung und Treue. Welche Geborgenheit für Mann, Frau und Kinder erwächst doch aus dieser ernstgemeinten, positiv gelebten Verpflichtung, zu der man sich freiwillig, in Liebe, entschieden hat!

Selbstbefriedigung

(aus: W. Bühne «Sich selbst lieben?», CLV 1986)

«Ich möchte mich zunächst kurz vorstellen: Ich bin Student und komme aus einem gläubigen Elternhaus. Bislang hatte ich noch keine Freundin aus Angst, daß ich mit ihr dann auch engeren Kontakt bekommen würde, d.h. körperlichen Gefühlen nachgehen würde. Da ich es aber leider nicht schaffe, meinen Geschlechtstrieb zu bekämpfen, wählte ich das kleinere Übel, die Selbstbefriedigung. Manchmal schaffe ich es, zwei, drei Wochen auszuhalten. Doch dann überkommt es mich, und ich fühle mich wie ein ganz mieser Kerl. Manchmal schaffe ich es nicht einmal eine Woche. Trotz allem versuche ich es aber immer wieder von neuem mit dem Herrn. Ich bete um Vergebung meiner Schuld und mache einen neuen Anfang. So geht es nun einige Jahre. Auch bei mir weiß es niemand, nicht mal meinen Eltern wage ich es zu sagen.

Mit anderen Personen, die ich kenne, spreche ich nicht darüber, weil sie meine Situation doch nicht verstehen werden.

Verzeihen Sie mir, wenn ich Ihnen so unüberlegt schreibe. Aber ich habe jetzt irgendwie die Nase voll, und ich möchte es abschütteln. Während meines Studiums habe ich von Gott so oft Hilfe und Trost durch Sein Wort erhalten, daß ich es Ihm einfach nicht mehr zumuten kann, mit so ‹Einem› ständig umzugehen.

Ich empfinde diese ganze Handlung irgendwie als eine schwere Schranke, die sich ständig zwischen Gott und mir schließt. Teilweise führt dieser Zustand zu tiefen depressiven Phasen oder auch Minderwertigkeitskomplexen. Dadurch kann ich natürlich nicht so von Gott reden, wie ich es gerne möchte. Was kann ich tun, damit ich mir selber nicht mehr als Dreck vorkomme? Ich wäre Ihnen für Ihren Rat und Zuspruch sehr dankbar.»

Habe herzlichen Dank für Deinen Brief, der mich ziemlich bewegt hat. Ich Danke Dir auch für die Offenheit, mit der Du Deine Nöte und Fragen geschrieben hast.

Ich möchte versuchen, Dir einige Hilfen zu geben, auch wenn mir bewußt ist, daß man das Problem der Selbstbefriedigung nicht auf einigen Seiten Papier lösen kann. Das Beste wäre, wenn Du ein persönliches Gespräch mit einem geistlichen, erfahrenen Bruder führen könntest, der fähig ist, Dir seelsorgerlich zu helfen.

Aber auch die Tatsache, daß Du mir Deine Probleme anvertraut hast, ist schon ein

Stück Befreiung. Der Teufel würde sehr gerne weiterhin dieses dunkle Geheimnis alleine mit Dir teilen und sieht mit Sicherheit nicht gerne, daß durch Dein «Geständnis» Licht in die Sache fällt. Nun einige Ratschläge für Deine Situation, die sicher kein «Allheilmittel», aber hoffentlich doch eine kleine «Erste Hilfe» sein können.

Sexualität ist eine Gabe Gottes

Mir macht es etwas Sorgen, daß Du Deinen Geschlechtstrieb als einen Feind ansiehst, den Du bekämpfen mußt, und ich fürchte, daß hier eine Schwierigkeit liegt, mit der viele junge Männer aus gläubigen Elternhäusern Probleme haben. Die Sexualität ist nicht ein etwas fragwürdiges, vielleicht notwendiges Übel, sondern eine Gabe, die Dein Schöpfer in Deinen Körper hineingelegt hat. Gott hat Dir damit etwas anvertraut, mit dem Du verantwortungsbewußt umgehen sollst.

«Gott hat den Geschlechtstrieb zu unserer Freude geschaffen und um Mann und Frau in gegenseitiger Liebe und Treue ein Leben lang aneinander zu binden. Er wurde geschaffen, damit glückliche Familien gegründet und geliebte Kinder gezeugt würden» (John R. Rice).

Erst dann, wenn wir die Sexualität mißbrauchen, wird uns der Geschlechtstrieb in Sünde und große Not stürzen.

Du mußt kein Sklave der Lust sein!

Gott, der Dir den Geschlechtstrieb gegeben hat, verlangt nicht etwas Unmögliches von Dir, wenn Er Enthaltsamkeit vor der Ehe erwartet. Er hat Dir auch die Fähigkeit gegeben, die Sexualität zu beherrschen, auch wenn das bei all der Reizüberflutung in der heutigen Zeit nicht einfach ist.

Es geht also nicht darum, gegen den Geschlechtstrieb anzukämpfen, sondern zu lernen, ihn mit Gottes Hilfe zu beherrschen.

Deine Kämpfe sind nicht ungewöhnlich

Jeder normale, gesunde junge Mann hat Probleme mit seiner Geschlechtlichkeit. Denke bloß nicht, Du wärest krank, abnorm oder sonst etwas, nur weil Dein Geschlechtstrieb sich stark bemerkbar macht.

Selbstbefriedigung ist Sünde!

Der starke Geschlechtstrieb gibt Dir jedoch nicht das Recht, die Sexualität zu Deiner eigenen Befriedigung zu mißbrauchen. Du hast selbst erkannt, daß damit keine Befriedigung verbunden ist, sondern daß sie eine Schranke zu Deiner Beziehung zu Gott aufrichtet.

Selbstbefriedigung belastet aber nicht nur Dein Verhältnis zu Gott, sondern wirkt sich auch im praktischen Leben negativ aus, indem sie die Basis zu einer egoistischen Lebensweise verfestigt.

Die Psychologen lügen, wenn sie lehren, daß Selbstbefriedigung «eine erfreuliche und spannende Freizeitbeschäftigung ist» und daß «Jugendliche, die früh mit der Selbstbefriedigung beginnen, ihre Potenz länger behalten als die, die später damit anfangen.»

Eine richtig motivierte Enthaltsamkeit hat noch nie weder dem Körper, noch der Seele geschadet, – ganz im Gegenteil!

«Jeder aber, der kämpft, ist enthaltsam in allem, jene freilich, auf daß sie eine vergängliche Krone empfangen, wir aber eine unvergängliche» (1. Kor. 9,25).

Konzentriere Dich nicht auf den Kampf gegen die Selbstbefriedigung!

Die Not und der Kampf mit der Selbstbefriedigung kann Dich dahin führen, daß Du nur noch mit Dir selbst und mit Deinen Problemen beschäftigt bist. Die Konzentration darauf macht das Problem nur noch größer. Der Teufel versucht zunächst, die Sünde zu verharmlosen, wenn sie aber geschehen ist, vergrößert er die Schuld so, daß wir daran verzweifeln könnten.

Blicke auf Jesus!

Die beste Medizin für alle «Krankheiten» unseres Glaubenslebens ist, auf Jesus Christus ausgerichtet zu sein. Wenn Er Mittelpunkt unseres Lebens geworden ist, nehmen wir uns mit unseren Problemen nicht mehr so wichtig und bekommen im Anschauen Seiner Herrlichkeit Kraft zum Überwinden.

«Laßt auch uns, indem wir jede Bürde und die leicht umstrickende Sünde ablegen, mit Ausharren laufen den vor uns liegenden Wettlauf, hinschauend auf Jesum, den Anfänger und Vollender des Glaubens» (Hebr. 12,1–2).

«Wir aber alle, mit aufgedecktem Angesicht die Herrlichkeit des Herrn anschauend, werden verwandelt nach demselben Bilde von Herrlichkeit zu Herrlichkeit, als durch den Herrn, den Geist» (2. Kor. 3,18).

Wer auf sich selbst konzentriert ist, wird entweder hochmütig oder depressiv. Möge Gott uns vor beidem bewahren. Bete ernsthaft darum, daß Gott Dir etwas von der Herrlichkeit des Herrn Jesus offenbart.

Sünden bekennen

Scheue Dich nicht, immer wieder mit Deiner Schuld zum Herrn zu gehen. Ich weiß, daß Du manchmal denkst, Du würdest Gott beleidigen, wenn Du immer wieder mit derselben Sünde zu Ihm kommst. Gott, der uns befiehlt, unserem Bruder siebzigmal siebenmal zu vergeben, wird uns die Vergebung nicht versagen, wenn wir nach dem hundertsten Mal aufrichtig mit dem Bekenntnis unserer Sünde zu Ihm kommen.

«Wenn wir unsere Sünden bekennen, so ist er treu und gerecht, daß er uns die Sünden vergibt und uns reinigt von aller Ungerechtigkeit» (1. Joh. 1,9).

Wenn wir an der Vergebung zweifeln, beleidigen wir den Herrn!

Kleine Schritte

Mach keine großartigen Versprechungen. Sage nicht: «Herr, ab heute werde ich nie wieder diese Sünde begehen!», sondern versuche mit Gottes Hilfe immer nur einen Tag lang treu zu sein.

Wir sind ganz abhängig von Ihm, und nur in dieser Abhängigkeit werden wir siegen.

Meide allen Schmutz

Hiob hatte mit seinen Augen einen Bund ge-macht (Hiob 31,1). Wenn Du glaubst, ohne Schaden gewisse Illustrierte oder sonstige pornographische Literatur durchblättern zu können, dann ist Dir Dein nächster Rückfall sicher. Diese Bilder saugen sich in Dein Ge-dächtnis hinein und prägen Dein Unterbe-wußtsein. Der Teufel versteht es, zu seiner Zeit die entsprechenden Bilder aus den Er-innerungen zu ziehen und die Phantasie da-mit zu beschäftigen.

Meide deswegen konsequent alle Orte und Situationen, wo Du mit einer massiven Anfechtung rechnen mußt.

Kaufe die Zeit aus

Erlaube Dir keine Langeweile und gib Dir keine Gelegenheit zum Phantasieren. Stehe zeitig auf und speise Deinen Geist mit Got-tes Wort. Es wird Dich reinigen und vor Schmutz bewahren.

«Wodurch wird ein junger Mann seinen Pfad in Reinheit wandeln? Indem er sich be-wahrt nach deinem Worte» (Ps. 119,9).

Nutze Deine freie Zeit, um neben dem Bi-belstudium gute Biographien und sonstige wertvolle Bücher zu lesen. Gute Literatur wird Dein Leben positiv prägen und gute Spuren hinterlassen. Versuche auch für den Herrn zu arbeiten. Bete gezielt für Men-schen in Deiner Umgebung, daß sie zum Herrn finden und suche Gelegenheiten, ih-nen das Evangelium weiterzusagen. Nur der Herr selbst und Erfahrungen mit Ihm schenken echte Erfüllung und Freude.

Sorge für körperlichen Ausgleich

Ich glaube nicht daran, daß Selbstkasteiung oder Leistungssport gegen die Selbstbe-friedigung helfen. Ich kenne manche, die trotz kalter Dusche und regelmäßiger Wald-läufe nach wie vor Probleme damit haben.

Der Ausgleich durch Sport oder körperli-che Arbeit ist aber für unsere Gesundheit und unser seelisches Gleichgewicht von großer Bedeutung.

Von Spurgeon stammt der weise Satz: «Ein kräftiger Schluck Seeluft oder ein tüchtiger Spaziergang im Wind füllt zwar nicht die Seele mit Gnade, aber doch unseren Kör-per mit Sauerstoff, was das nächstbeste ist.»

Ein allgemein schlechter Gesundheitszu-stand kann sich auch auf die Seele negativ auswirken und zu einer passiven, träumeri-schen Lebenshaltung führen, die das Über-winden schwermacht.

Suche Gemeinschaft mit Christen

Gemeinschaft mit Glaubensgeschwistern ist Grundvoraussetzung für geistliches Wachstum. Suche Gemeinschaft mit Chri-sten, die den Herrn lieben und Gottes Wort ernst nehmen. Sicher wird Dir Gott unter den Brüdern einen zeigen, mit dem Du auch über Deine Probleme reden kannst und der bereit ist, mit Dir regelmäßig um Hilfe in der Bewältigung zu beten.

Erfreue Dich der Liebe Gottes

Vor allem aber wünsche ich Dir, daß Du Dich in der Liebe Gottes sonnst. Mache Dir immer wieder bewußt, welch einen hohen

Preis Gott für Deine Rettung bezahlt hat, damit Deine Liebe im Anschauen Seiner Liebe wächst. Du wirst dann in Deinen Augen nicht mehr ein Stück «Dreck» sein, sondern Dich als ein Gegenstand der Liebe Gottes sehen.

«Sehet, welch eine Liebe uns der Vater gegeben hat, daß wir Kinder Gottes heißen sollen!» *(1. Joh. 3,1).*

Der gesegnete Erweckungsprediger Georg Whitefield (1714–1770) hat schon zu Lebzeiten seine eigene Leichenpredigt gehalten. In diesen Abschiedsworten befahl er seine Freunde der schützenden Liebe Gottes an:

«Wenn wir durch die Wälder Amerikas reisen, müssen wir nachts ein Feuer anzünden; das hält die wilden Tiere von uns ab. Nachts bin ich oft aufgestanden und sagte zu meinen Begleitern – und Gott verhüte, daß ich je auch nur eine Viertelstunde mit jemandem reise, ohne etwas von Jesus zu sagen – : Dieses Feuer gleicht dem Feuer der Liebe Gottes, das den Teufel und unsere eigenen Lüste davon abhält, unseren Seelen zu schaden...»

Halte dieses Feuer der Liebe Gottes in Deinem Herzen brennend. Schütze und nähre es. Es wird Dir die beste Hilfe sein, ein frohes, siegreiches Leben in der Nachfolge Jesu zu führen.

In Seiner Liebe verbunden
Dein Wolfgang

Die falsche Frau?

«Inge und ich kannten uns zwei Monate, als wir das erstemal miteinander schliefen. Meine Eltern sind sehr ‹tolerant›, so daß ich Inge immer mit auf mein Zimmer nehmen konnte, und wir auch keine Angst haben mußten, entdeckt zu werden. So kam es aber auch fast jedes Mal bei unserem Zusammensein bis zum Letzten. Wenn ich heute zurückdenke, merke ich, daß unsere Freundschaft mehr und mehr von unserem geschlechtlichen Leben abhängig war. Der Gedankenaustausch, wie wir ihn stundenlang in den ersten zwei Monaten gepflegt hatten, kam zu kurz. Bald heirateten wir. Am Anfang unserer Ehe war alles noch interessanter. Inge brauchte nun auch keine Angst mehr vor einem Baby zu haben oder Angst, wie sie es mir mal zuflüsterte, daß ich sie nicht heiraten würde, und sie sich dann einfach gebraucht fühlen würde. Doch mit der Zeit nahm der Reiz der ersten Ehemonate ab; auch der Geschlechtsverkehr – obwohl er immer noch schön war – verlor seine große Bedeutung. Vor allem, als dann das Baby kam und wir in der Folgezeit wenig sexuellen Kontakt hatten, wuchsen uns die Schwierigkeiten über den Kopf. Damals merkten wir, daß wir uns überhaupt nicht kannten. Inge hatte so ganz andere Anschauungen als ich; es gab viel Streit und Schmerz. Ich flüchtete immer mehr in den Kreis von früheren Kameraden, weil ich die Spannungen daheim nicht mehr aushalten konnte. Inge sagte mir auch, daß bei mir

Angewohnheiten und Charakterzüge zum Vorschein kämen, die sie nicht akzeptieren könne. Was konnte ich noch viel machen? Hatte ich die falsche Frau geheiratet?»

Anton St.

Sie haben nicht unbedingt die falsche Frau geheiratet, sondern eine Frau, die Sie nicht kannten.

Sie und Inge machten den gleichen Fehler wie viele «moderne» junge Leute: Sie begegnen sich hauptsächlich auf sexueller Ebene und rauben sich dadurch die notwendige Zeit (und das Interesse), sich wirklich kennenzulernen. Auch jungen Leuten, die eine Freundschaft eingegangen sind, steht nur ein gewisses Quantum Zeit zur Verfügung. Diese Zeit, eingeschränkt durch die Erfordernisse des Berufes, der Ausbildung oder Schule, muß «ausgekauft» werden, um eine geistig-seelische Einheit bis zur Eheschließung aufzubauen.

Sie und Inge haben diese Zeit mit sexuellen Experimenten (echtes erfülltes Geschlechtsleben ist so ja gar nicht möglich; vergl. das Kapitel über «körperliche Liebe») vertan und daher keine geistig-seelische Einheit aufgebaut.

Die Spannungen und Konflikte, die auftauchten, konnten Sie dann nicht mehr meistern, teils aus Unvermögen wegen den Anforderungen von Beruf, Eheleben und die zusätzliche Belastung durch das erste Kind, teils aus Mangel an Training, das eben in der Zeit vor der Ehe geleistet werden muß.

Hätten Sie und Inge vor der Ehe gelernt, Spannungen zu ertragen, miteinander Konflikte zu lösen, sich mit den verschiedenen Anschauungen auseinanderzusetzen, auch die Schattenseiten des andern kennen- und akzeptieren zu lernen, hätte es zu einer erfolgreichen Ehe kommen können. So aber glichen Sie beide einem Piloten, der erst während des Fluges beginnt, die Funktionen des Flugzeugs kennenzulernen, der in der Luft das Fliegen lernen will. Dort aber sind die Anforderungen bereits zu groß, und es kommt zum Absturz. Im Gegensatz zu einem Piloten ermöglicht man es heute jungen Menschen immer mehr, in «die Luft zu steigen» ohne «fliegen» zu können, eheliches Leben (oder eheähnliches Leben) zu führen, ohne sich auch nur die notwendigsten Voraussetzungen erarbeitet zu haben. Was Wunder, wenn wir in unserer Gesellschaft unzähligen Ehe-Wracks begegnen, Überbleibseln eines Absturzes, nicht wegen «Materialfehlers» (die Ehe an sich ist und bleibt optimal), sondern infolge Unvermögens der Piloten!

Im Schatten des Kreuzes

(aus: W. Bühne «Sich selbst lieben?»
CLV 1986)

In Jim Elliots Tagebuch, das seine Frau Betty nach seinem Tode herausgegeben und kommentiert hat, gibt es eine sehr eindrückliche Stelle, die ich allen Verlobten und Verheirateten zur Selbstprüfung empfehlen möchte.

Dort wird von einem Spaziergang berichtet, auf welchem sie sich zum ersten Mal ihre Liebe zueinander gestanden haben:

«Kaum darauf achtend, in welche Richtung wir gingen, traten wir durch ein offenes Gittertor und fanden uns auf einem Friedhof. Wir setzten uns auf eine Steinplatte, und Jim erklärte, er habe mich Gott dargegeben, ungefähr wie Abraham seinen Sohn Isaak. Ich erschrak – denn genau das gleiche Bild hatte mir seit einigen Tagen immer vorgeschwebt, wenn ich über unsere Beziehung nachgedacht hatte. Wir waren beide einer Ansicht, daß unser Weg von Gott bestimmt wurde. Unser beider Leben gehörte gänzlich ihm, und wenn es ihm gefiele, das ‹Opfer› anzunehmen und zu brauchen, so wollten wir nicht die Hand darauf legen, um es zurückzuziehen und für uns selber zu behalten. Mehr war nicht dazu zu sagen.

Wir saßen und schwiegen. Plötzlich wurden wir gewahr – in unserem Rücken war der Mond aufgegangen – daß zwischen uns der Schatten eines großen Steinkreuzes lag.

Das Datum dieses Abends ist in Jims Gesangbuch vermerkt, es steht neben dem folgenden Liedervers:

‹*Und willst Du wirklich, daß ich nun verzichte auf jenes Eine, das mir köstlich schien – so nimm es hin! Es war ja noch nicht mein! – Ich lasse Dir ja nur, was längst schon Dein! Dein Wille gescheh!*›.»

Gott schenke, daß eine Generation von Christen heranwächst, deren Beziehungen als Verlobte und Verheiratete zueinander vom Kreuz Christi bestimmt werden. Die Konsequenz daraus wird das Wissen sein:

Meine Frau gehört zuerst einmal dem Herrn. Er hat sie mit einer Liebe geliebt, die mit meiner Liebe nicht vergleichbar ist. Er hat für sie den Preis Seines eigenen Lebens bezahlt, sie mit Seinem eigenen Blut erkauft und hat daher ein Recht auf ihre erste Liebe.

Aber das Kreuz trennt nicht nur, sondern es verbindet auch. Unser beider Leben gehört Ihm und soll Ihm geweiht sein, so daß Seine Person die Mitte und der Inhalt unseres gemeinsamen Lebens ist.

Gibt es etwas Schöneres als in diesem Bewußtsein verlobt und verheiratet zu sein? Wir wissen uns mit einer unbegreiflichen Liebe von Gott geliebt (1. Joh. 3,1), wir lieben Ihn, weil Er uns zuerst geliebt hat (1. Joh. 4,19), und diese Liebe ist der Maßstab und die Kraftquelle für unsere Liebe zueinander.

«... *Wandelt in Liebe, gleichwie auch Christus uns geliebt und sich selbst für uns hingegeben hat, als Darbringung und Schlachtopfer, Gott einem duftenden Wohlgeruch*» (Eph. 5,2).

Also nicht die Selbstliebe, sondern die Liebe Gottes verpflichtet und befähigt uns, einander selbstlos zu lieben. Die wichtigste Voraussetzung für eine glückliche und gesegnete Ehe ist daher die ungetrübte Gemeinschaft der Eheleute mit dem Herrn.

W. Bühne

Nachwort

Lieber Leser,

In diesem Handbuch wurden bewußt folgende wesentliche Themenbereiche nicht erörtert:

– Partnerwahl für Christen

– Geburtenregelung für Christen

– Ehescheidung – Wiederheirat

– Intime Probleme, sexuelle Konflikte

Zu diesen Themenbereichen sind nämlich bereits Bücher erschienen, die ich Ihnen als weiterführende, ergänzende Literatur zu diesem Handbuch empfehlen möchte (vgl. Beschreibungen auf den nachfolgenden Seiten).

Ebenfalls ist es mir ein großes Anliegen, Sie auf die christliche Illustrierte «ethos» hinzuweisen.

«ethos» ist **die** Zeitschrift, die von der ganzen Familie mit großem inneren Gewinn gelesen werden kann.

Hier werden nicht nur Erziehungstips, Zeitanalysen und eine Fülle von interessanten Bildreportagen und ausgezeichneten Berichten veröffentlicht, sondern neben klar evangelistisch ausgerichteten Artikeln – auch Kindern und Jugendlichen kurzweilige Anregungen zu sinnvoller Freizeitgestaltung gegeben.

Bitte beachten Sie die näheren Angaben auf der gegenüberliegenden Seite.

Ich hoffe, ich konnte Ihnen durch dieses «Handbuch für Eheleute» (das Sie ruhig ab und zu wieder zur Hand nehmen sollen, um manche Erkenntnisse wieder aufzufrischen) einige wertvolle Denkanstöße geben und wünsche Ihnen für Ihr Eheleben neuen Mut und freudigen, entschiedenen Liebes-Eifer!

Der Autor

Das «Handbuch für Eheleute» ist auch in italienisch erhältlich:

Partnerwahl für Christen

von Walter Nitsche

Eine biblisch orientierte Partnerwahl gehört zu den Voraussetzungen für eine erfolgreiche christliche Ehe.

Doch gerade bei der Partnerwahl lassen sich viele Christen von allen (un)möglichen Gefühlen, Umständen oder Ratschlägen leiten, statt die Prinzipien des Wortes Gottes anzuwenden.

Daher sollen in diesem Büchlein wegweisende Antworten gegeben werden auf Fragen wie: «Was will mir Gott im Hinblick auf meine Partnerwahl sagen?» – «Wie kann ich den Willen Gottes erkennen?» – «Wer paßt zu wem?» – «Wie sind Verliebtheitsgefühle einzuordnen?» – «Woran erkenne ich echte Liebe?» – «Ist mir ein Partner vorherbestimmt?» – «Gibt es eine biblisch begründete Art der Partner-Suche?» – «Welches sind die wichtigsten Prüfsteine für eine christliche Partnerschaft?» usw.

Bestell-Nr. 72528
Tb, 80 Seiten, Fr. 6.—/DM 7.—

Geburtenregelung für Christen

von Dr.med. O. Windecker

Nach grundsätzlichen, wegweisenden Gedanken zum Thema «Familienplanung für Christen» erklärt der Autor die verschiedensten empfängnisverhütenden Methoden und beurteilt sie aus fachlicher und biblischer Sicht. Es wird deutlich, daß die Mehrzahl der heutzutage angebotenen Methoden für einen Christen aus ethischen Gründen nicht in Frage kommen können, abgesehen von den meist verschwiegenen schädlichen Nebenwirkungen. Die Alternative der «natürlichen Geburtenregelung» nach Dr. Rötzer wird ebenfalls unter die Lupe genommen, wobei eindeutige Schwachstellen – in biblischer wie medizinischer Hinsicht – aufgezeigt werden. Der Autor stellt als Alternative für Christen die «Kombi-Methode» vor, die vielen Interessierten zu echter Hilfe werden kann.

Bestell-Nr. 72529
Tb., 150 Seiten, Fr. 12.—/DM 14.—

Zur Sache: Ehescheidung – Wiederheirat

Bruno Schwengeler

Wann ist Wiederheirat möglich? Warum tolerierte Gott im AT Vielweiberei? Eine gründliche, biblische Untersuchung eines seelsorgerlichen Problems; ein hilfreiches, mutmachendes Buch für Betroffene.

Bestell-Nr. 72536
Geb., 128 S., Fr. 15.—, DM 17.60

Erfüllende Sexualität

Walter Nitsche

«Mein Mann hat die Lust an der Sexualität verloren; ich fühle mich so ungeliebt», bemerkte eine 32jährige Frau. «Ich kann es kaum mehr ertragen», erklärte dagegen eine andere Ehefrau, «daß mein Mann immer nur das eine will. Fast jeden Abend möchte er mit mir schlafen. Dabei komme ich mir so mißbraucht vor.»

In den persönlichen Gesprächen bei Eheseminaren, die wir seit Jahren im Rahmen der christlichen Familienzeitschrift «ethos» veranstalten, betreffen rund 80% der geäußerten Probleme den Bereich der ehelichen Sexualität. Andere christliche Ehepaare weigern sich, ihre Schwierigkeiten im ehelichen Intimleben überhaupt wahrzunehmen. Jenen, die ihre Intimkonflikte zu klären und zu bewältigen suchen, möchte das vorliegende Buch hilfreiche Denkanstöße vermitteln.

Bestell-Nr. 72537

Tb, 152 Seiten, Fr. 8.80, DM 9.80

Weitere seelsorglich hilfreiche Bücher des Autors:

Walter Nitsche
Fehlende Heilssicherheit?
Bestell-Nr. 72 532
Tb, 88 Seiten, Fr. 6.—, DM 7.—

Zweifel an der Bekehrung; mangelnde Geborgenheit; Gefühl des Nichtverstanden-Werdens; Angst vor Abfall und Lauheit – ein Buch, das Hilfe in solch tiefgründigen Problemen bietet.

Walter Nitsche
Versagen und innere Zerrissenheit
Eine seelsorgliche Studie für Christen
Bestell-Nr. 72 535
Tb, 112 Seiten, Fr. 6.—, DM 7.—

Persönliches Versagen in einem Christenleben und andere Probleme werden gerne verschwiegen und verdrängt – mit oft verheerenden Folgen. Eine biblische Therapie gibt Antwort und praktische Hilfe auch bei Intimitätsangst, Gesetzlichkeit, schizophrenen Symptomen, Resignation u.a.m.

Das leere Nest

Vicky Love

Seit mehr als zwanzig Jahren verheiratet und kinderlos geblieben, kennt die Autorin den seelischen Schmerz, unter dem kinderlose Ehepaare leiden. Durch eine biblisch fundierte, gründliche Behandlung des Themas will sie helfen, diesen Schmerz zu lindern und gibt wertvolle seelsorgliche und medizinische Ratschläge. Ein empfehlenswertes, hilfreiches Buch für Ehepaare, Seelsorger, Ärzte oder Sozialarbeiter, die sich mit dem Problem der Kinderlosigkeit beschäftigen.

Bestell-Nr. 72538
Geb., 304 Seiten, Fr. 19.80, DM 23.—